Rogério de Simone e Fábio C. Pagotto

Clássicos do Brasil

DODGE

Copyright © 2011 Alaúde Editorial Ltda.

Todos os direitos reservados. Nenhuma parte desta edição pode ser utilizada ou reproduzida – em qualquer meio ou forma, seja mecânico ou eletrônico –, nem apropriada ou estocada em sistema de banco de dados sem a expressa autorização da editora.

O texto deste livro foi fixado conforme o acordo ortográfico vigente no Brasil desde 1º de janeiro de 2009.

PRODUÇÃO EDITORIAL:
Editora Alaúde

REVISÃO:
Beatriz Chaves e Bia Nunes de Sousa

CONSULTORIA TÉCNICA:
Bob Sharp

IMPRESSÃO E ACABAMENTO:
RR Donnelley

1ª edição, 2011 (1 reimpressão)

Dados Internacionais de Catalogação na Publicação (CIP)
(Câmara Brasileira do Livro, SP, Brasil)

Simone, Rogério de
    Dodge / Rogério de Simone e Fábio C. Pagotto. -- São Paulo :
Alaúde Editorial, 2011.

ISBN: 978-85-7881-100-6

1. Dodge (Automóvel) I. Pagotto, Fábio C.. II. Título.

11-11037   CDD-629.222209

Índices para catálogo sistemático:
1. Simca : Automóveis : História : Tecnologia   629.222209

2015
Alaúde Editorial Ltda.
Rua Hildebrando Thomaz de Carvalho, 60
04012-120, São Paulo, SP
Tel.: (11) 5572-9474 e 5579-6757
www.alaude.com.br

SUMÁRIO

CAPÍTULO 1 – A origem.. 5

CAPÍTULO 2 – A chegada ao Brasil.. 15

CAPÍTULO 3 – A evolução dos modelos.................................. 29

CAPÍTULO 4 – Dados técnicos.. 95

Fontes de consulta.. 106

Crédito das imagens.. 107

CAPÍTULO 1

A
ORIGEM

DODGE DART NOS EUA

Para muitos no Brasil, Dart foi apenas mais uma daquelas gigantescas "banheiras" americanas fabricadas nos anos 1970. A maioria das pessoas desconhece os precedentes históricos desse magnífico automóvel, cujo nome foi utilizado pela primeira vez em 1957 na apresentação do carro-conceito Dart, um aerodinâmico conversível capaz de alcançar mais de 200 milhas por hora (320 km/h). Comercialmente o prefixo Dart foi utilizado apenas no final dos anos 1950, já como modelo 1960, sem ter sido utilizado para promover os Dartlines, edições especiais do Chrysler Windsor. Assim, quando o Dodge Dart chegou ao Brasil, no ano de 1969, ele já tinha uma história de quase dez anos nos Estados Unidos, seu país de origem.

O Dodge Dart foi criado com a inovadora proposta de ser um modelo relativamente menor do que o padrão da divisão Dodge. No início dos anos 1960, o mercado começava a se interessar por carros menores que os full-size (porte grande), padrão para os americanos e enormes para nós. Os americanos logo chamaram essa nova categoria de mid-size (porte médio).

Em sua chegada ao mercado, a linha Dart de 1960 apresentou modelos que iam do prático sedã de duas portas, passando por uma station wagon (perua derivada do automóvel) para nove passageiros e chegando a um belo conversível. Todos podiam ser equipados com motor de seis ou oito cilindros, com diferentes potências, e, como opcional, estava disponível o pacote D-500, com foco no desempenho. A linha apresentava ainda três modelos, que se diferenciavam pelo acabamento interno e externo, bem como pelas opções de motor: Seneca, Pioneer e Phoenix, sendo este último topo de linha.

A linha Dart fez muito sucesso e vendeu mais de 320.000 unidades em 1960, representando 87 por cento das vendas da divisão. Parte desse sucesso devia-se à excelente relação entre desempenho e

O aerodinâmico protótipo do carro-conceito Dart, apresentado em 1957.

A origem

Linha Dart 1960: modelos Seneca, Wagon e Phoenix, hardtop e convertible.

consumo que apresentava, assim como ao bom acabamento e ao desenho interessante dos modelos.

No ano seguinte, as vendas caíram bastante, mas o padrão da linha foi mantido e os veículos foram reestilizados – o Dart Phoenix conversível com motor de seis cilindros deixou de ser oferecido e apenas o V-8 continuou sendo vendido. A redução nas vendas pode ser justificada pela disponibilização de um novo modelo na linha Dodge: o Lancer.

Em 1962, rumores de que a Chevrolet iria reduzir o tamanho dos carros de sua linha fez com que os modelos da Plymouth e da Dodge fossem reduzidos para um entre-eixos de 116 polegadas (2.946 milímetros), o que acabou sendo uma das piores decisões da história da corporação. A linha Dart também passou a oferecer o mesmo conceito em três acabamentos distintos e mudou a identificação dos modelos para Dart (básico), 330 (intermediário) e 440 (topo de linha). Toda a linha podia ser equipada com motor de seis ou oito cilindros, com destaque para os potentes Ramchargers 413 polegadas cúbicas (6,8 litros), com 410 cv ou 420 cv (potência SAE bruta, como todas neste livro, salvo outra indicação). Aliás, menores e mais leves, os carros equipados com tal mecânica eram temidos nas pistas de arrancada e nas provas da National Association for Stock Car Racing (Nascar).

Nem só de problemas viveu a Chrysler nesse ano. Um bom movimento da com-

Dart 1962: nova carroceria e nova identificação para os modelos.

O Dart para 1963 era o modelo de entrada da linha Dodge, substituindo os modelos Lancer.

panhia foi a contratação de Elwood Engel, ex-estilista da Ford, responsável por um dos maiores desenhos americanos, o Lincoln Continental 1961. Elwood teve participação fundamental no desenvolvimento do Dart como o conheceríamos no Brasil.

Em 1963, o Lancer deixou de ser produzido e a linha Dart voltou a ser a linha de entrada da marca Dodge, com nova carroceria. Entretanto, adotou o conceito de carro compacto e utilizou a plataforma com entre-eixos um pouco maior do extinto Lancer, além de continuar a apresentar três versões de acabamento: o 170, o 270 e o GT, exclusivo para modelos conversível ou cupê sem coluna. A carroceria de quatro portas sem coluna foi extinta.

Outra mudança em 1963 foi a eliminação dos motores V-8. Nesse ano, a linha estava restrita aos seis cilindros, sendo a versão básica equipada com o 170 polegadas cúbicas (2,8 litros), herança do Lancer, e o 225 polegadas cúbicas (3,7 litros) Slant Six, ou seis cilindros inclinados em linha, oferecido como opcional.

Em 1964, as coisas se mantiveram estáveis para a linha Dart, porém com uma mudança positiva: a disponibilização do motor V-8 para toda a linha. Era um V-8 exclusivo e derivado do confiável 318 polegadas cúbicas (5,2 litros), o 273 polegadas cúbicas (4,5 litros).

Em 1965 e 1966, a linha Dart teve apenas mudanças no estilo, além do interessante lançamento de um motor de 273 polegadas cúbicas com carburador de corpo quádruplo (quadrijet), e 235 cv como opcional. Em 1966 o modelo básico perdeu a nomenclatura 170 e passou a ser conhecido apenas como Dart.

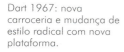

Dart 1967: nova carroceria e mudança de estilo radical com nova plataforma.

A origem

Nova grade para 1968, com pisca dianteiro redondo.

Em 1967, a linha Dart foi radicalmente modificada, com desenho sob coordenação de Elwood, tornando-se muito mais elegante que nos anos anteriores. Essa é a carroceria que conhecemos no Brasil, com linhas retas e sóbrias, mas utilizando uma plataforma com exatamente 111 polegadas (2.819 milímetros) de entre-eixos, como nas versões anteriores.

Nesse ano também foi extinta a versão station wagon. As motorizações continuaram as mesmas do ano anterior, porém, no final de 1967, foi apresentada uma versão "musculosa" do Dart GT, equipada com motor big block de 383 polegadas cúbicas (6,3 litros) de 300 cv, chamada de GTS.

Em 1968, a linha sofreu algumas alterações estilísticas, como a grade semelhante à utilizada no Brasil, mas com luzes direcionais circulares e lanternas traseiras idênticas às usadas na linha brasileira de 1972. A grande novidade foi a incorporação da versão GTS ao catálogo de fábrica, oferecida com o extraordinário V-8 de 340 polegadas cúbicas (5,6 litros) e, como opcional, com o 383. Outra curiosidade: o capô da versão GTS foi utilizado no nosso Charger de 1973 até 1977, com os ressaltos e as flautas sugerindo abertura para entrada e saída de ar.

Em 1969, a linha recebeu novamente pequenas mudanças estéticas e ficou exatamente como seria conhecida no Brasil. Com isso, o Dodge era um carro extremamente moderno e atual quando foi apresentado por aqui.

No mesmo ano, a linha passou a ter os modelos Dart, Dart Swinger 340, Dart Custom, Dart GT e Dart GTS, com apenas três tipos de carroceria: cupê sem coluna, sedã de quatro portas e conversível, que era exclusiva das versões GT ou GTS. As versões GT, GTS e Swinger tinham como diferencial o aspecto esportivo, com tomadas de ar no capô e faixas decorativas, semelhante ao que seria utilizado em nossos Chargers. Esse apelo esportivo

Dart 1969, igual ao que conheceríamos no Brasil.

Nova frente em 1970, as tomadas de ar no capô eram exclusivas do modelo Swinger.

aproveitava o aquecimento do mercado dos muscle cars (carros de porte grande e muito potentes) – toques de esportividade eram sempre bem recebidos, mesmo num compacto como a linha Dart.

O maior motor oferecido para o Dart pela fábrica, equipando a versão GTS, era o de 383 polegadas cúbicas. Porém, havia concessionárias que ofereciam Darts com motor 440 polegadas cúbicas (7,2 litros), conhecido como Grand Spaulding, do corredor Mr. Norm, que comercializava uma versão do Dart com o motor Magnum 440 de 375 cv, chamada GSS. Com uma solicitação especial, era possível receber o Dart equipado com o poderoso Hemi de 426 polegadas cúbicas (7,0 litros) e 425 cv. Essa versão tinha uma enorme tomada de ar no capô e foi muito utilizada nas provas de arrancada.

O ano de 1970 representou o auge em ofertas de muscle cars, algo que mudaria drasticamente e de forma muito rápida. Nesse momento, a ênfase dos veículos era mostrar força e jovialidade, o que incentivava a venda do modelo Swinger 340.

O modelo, com seu motor de 275 cv, podia enfrentar os autênticos muscle cars, embora o Dart não fosse um muscle car no sentido puro da expressão. Essa honra destinava-se a Chargers (feitos nos Estados Unidos) e Coronets, com motor de

Dart GTS 1969.

A origem

À esquerda: Dart Sport 340. À direita: Dart Swinger hardtop.

mais de 400 polegadas cúbicas (6,6 litros) e carroceria maior. A grande vantagem do Swinger 340, assim como dos pony cars (carros de porte médio com motores potentes), era a sua relação peso-potência.

Nesse ano, a linha Dart foi novamente alterada. Os modelos GT e GTS foram extintos e ficaram apenas os modelos Dart, Dart Custom e Swinger 340. Os tipos de carroceria permaneceram inalterados, exceto pela extinção dos modelos conversíveis. Os motores V-8 big block também deixaram de ser oferecidos pela fábrica.

Em 1971 a linha Dart passou a apresentar a carroceria cupê fastback (traseira em queda), exclusiva dos modelos Demon e Demon 340. A carroceria de duas portas sem coluna, por sua vez, era exclusiva do Swinger e do Swinger Special, e a última carroceria, o sedã de quatro portas, era Dart ou Dart Custom.

No início da década de 1970, os árabes elevaram substancialmente o preço do petróleo, de modo que a gasolina atingisse cifras nunca antes imaginadas pelos americanos, decretando a morte de todos os muscle cars e carros com pretensões esportivas.

Nesse novo cenário, em que os econômicos importados japoneses começaram a se destacar, o papel do Dart foi ainda mais importante. A linha de 1972 continuou sem maiores alterações, sofrendo apenas algumas modificações estéticas em relação ao ano anterior e nas motorizações. Agora, com taxas de compressão e potências reduzidas – especialmente pela potência SAE líquida, de menor valor numérico, adotada pela indústria naquele ano –, mostraram certo cansaço frente a esse cenário. Essa mesma situação continuou em 1973, porém as vendas do Dart aumentaram.

Outra mudança ocorrida em 1973 foi a extinção do nome Demon, aparentemente não muito popular entre o público, substituído por Sport.

Já em 1974, a linha Dart apresentou algumas mudanças, introduzindo os novos modelos SE (Special Edition) com melhor acabamento: interior revestido de veludo, teto de vinil, calotas na cor da carroceria e o motor de seis cilindros e 225 polegadas cúbicas em vez do básico de 198 polegadas cúbicas (3,2 litros), oferecido nas versões sedã de quatro portas e cupê sem coluna. Outra alteração foi a substituição dos V-8 340 pelos 360 (5,9 litros) – um motor exclusivo do modelo Sport 360.

Em 1971 foram comercializados mais de 10.000 Demons 340, enquanto que, em 1974, foram comercializadas menos de 4.000 unidades do Sport 360. Essa situação se agravaria em 1975, quando menos de 1.100 Sports 360 foram produzidos. O enfoque da década era o luxo e a economia, e não mais o desempenho. A linha de 1974 permaneceu sem muitas alterações – o Swinger continuava sendo o modelo preferido do público.

Em 1975, a linha sofreu uma nova atualização de visual e ficou exatamente como os últimos modelos Dart brasileiros produzidos de 1979 a 1981, exceto pelo nome Dodge escrito no friso superior da grade dianteira e pelas garras dos para--choques, que nossos carros não possuíam. No entanto, esse seria o penúltimo ano dessa sensacional linha de veículos.

Nesse ano, a linha estava próxima de ter sua produção encerrada. Até mesmo o bem--sucedido Swinger vendeu 43.000 unidades a menos que no ano anterior. Todos os modelos sofreram queda em sua produção, exceto os SEs, que passaram de 12.000 em 1974 para cerca de 19.000 em 1975, enfatizando a tendência ao luxo e ao conforto.

A nova grade para 1975 foi utilizada nos Darts brasileiros de 1979 a 1981.

A origem

Últimos modelos da linha Dart americana. Sua plataforma continuou em outros países, como Espanha, Argentina e Brasil.

O ano de 1976 foi o último em que se produziu a linha Dart nos Estados Unidos. Na verdade, a linha estava sendo substituída pelos novos Dodges Aspen (Volare, na divisão Plymouth). Nesse ano, eram oferecidos apenas três tipos de carroceria: duas portas sem coluna, cupê fastback e sedã de quatro portas. Os acabamentos eram específicos para cada carroceria, sendo o Swinger e o Swinger Especial cupê sem coluna, o Sport cupê fastback e sedã de quatro portas. O modelo Sport 360 já fazia parte da história.

Esteticamente, os modelos de 1976 tiveram apenas a incorporação de uma interessante opção no modelo Sport, chamada de Lite: diversas peças de reforço dos para-choques e da carroceria (capô e parte interna dos para-lamas) eram feitas de alumínio para reduzir o peso e tornar o carro mais econômico. Outro fato interessante é que toda a linha podia ser equipada opcionalmente com o versátil motor V-8 de 360 polegadas cúbicas.

Nesse ano, a produção da linha Dart e sua participação na história da Chrysler americana foram encerradas. Uma história de sucesso com diversos percalços, mas que se encerrou com mais de 3 milhões de Dodges Dart produzidos apenas nos Estados Unidos, preenchendo diferentes nichos de mercado.

A história do Dodge Dart não acabou em 1976, pois a plataforma e o nome Dart foram utilizados em diferentes locais do mundo, como Espanha, Argentina, Austrália e, é claro, Brasil, onde durou até 1981.

CAPÍTULO 2

A CHEGADA AO BRASIL

PRIMEIROS PASSOS

A Chrysler Corporation, uma das três gigantes – The Big Three – automobilísticas americanas, já era conhecida pelo consumidor brasileiro através da importação desde o início dos anos 1920 de alguns de seus produtos. Sua participação no mercado brasileiro aumentou a partir de 1946, com um acordo feito com a Distribuidora Geral Brasmotor, que começou a importar e distribuir os veículos da marca no país. Logo depois, a Brasmotor adquiriu um galpão no bairro do Brás, em São Paulo, na rua Barão de Ladário, onde iniciou a montagem dos veículos importados no sistema CKD (do inglês Completely Knocked Down, ou completamente desmontado), e assim tivemos nossos primeiros veículos Chrysler "fabricados" no Brasil. Na realidade, tratava-se de carros e caminhões produzidos por cerca de vinte funcionários à média de quatro unidades por dia. Esses veículos eram vendidos pelas concessionárias do grupo, chamadas Sabrico, uma rede que ficaria famosa como uma das maiores revendedoras da Volkswagen do Brasil.

No ano seguinte, sempre com o apoio da Chrysler, a Brasmotor adquiriu um terreno de 100.000 m² em São Bernardo do Campo, SP, com o intuito de aumentar sua produção e atender à demanda do mercado. A inauguração

Galpão da Brasmotor no bairro do Brás, em São Paulo. De lá saíram, em 1946, os primeiros veículos Chrysler montados pela companhia.

A chegada ao Brasil

do novo galpão, chamado de Fábrica I, ocorreu em 17 de julho de 1949, e a Brasmotor se tornou a primeira produtora de veículos instalada no município, ajudando a transformar a região do ABC no maior parque industrial automobilístico do Brasil. Ganhou até o apelido de "Detroit brasileira".

Após a inauguração das novas instalações, o quadro de funcionários aumentou para trezentos, e a capacidade produtiva, para 25 veículos diários, sendo dezesseis automóveis e nove caminhões das marcas Dodge, DeSoto, Plymouth e Fargo, todos produtos da Chrysler Corporation.

Esses veículos saíam da linha de montagem com alguns poucos componentes nacionais após o surgimento das primeiras indústrias brasileiras de autopeças. A própria Brasmotor já dispunha de alguns setores manufatureiros próprios, como a pintura, a carpintaria e até a estamparia, uma vez que a empresa importou dos Estados Unidos uma prensa hidráulica capaz de estampar peças importantes, como partes da cabine, para-lamas, para-choques etc. O apoio da Chrysler americana se refletia principalmente na pós-venda, com garantia total do veículo e assistência técnica integral. Mas, em 1950, a Chrysler nos Estados Unidos vivia sérias dificuldades com as greves dos trabalhadores em Detroit, o que comprometeu muito as exportações para o Brasil; com isso, a produção

nacional tornou-se inconstante, agravada por uma política cambial brasileira instável, que ora estimulava, ora restringia as importações.

Essa situação perdurou até o ano de 1957, quando o governo brasileiro decidiu constituir o Grupo Executivo da Indústria Automobilística, ou Geia, que, sem a burocracia normal, estimulava com incentivos fiscais as indústrias a produzir automóveis no país, com índice de nacionalização cada vez maior. A Chrysler inicialmente decidiu não participar dos planos de nacionalização, e assim a parceria com a Brasmotor foi desfeita.

A partir de então, os veículos Chrysler só poderiam ser adquiridos através de empresas importadoras independentes, e chegaram em menor número e de forma irregular. Os impostos de importação eram muito altos, até proibitivos – outra forma encontrada para incentivar as fábricas de automóveis a investirem num parque industrial no Brasil –, e ainda eram aplicados de acordo com o peso, a potência e o preço do veículo. Com isso, os poucos Chryslers do final dos anos 1950 eram muito caros, poucas unidades foram importadas e outras poucas foram trazidas por deputados, cônsules e alguns parlamentares que podiam importar veículos isentos de impostos e demais taxas, operação facilitada na chegada ao porto do Rio de Janeiro, que ainda era a capital federal.

A CHRYSLER E A SIMCA

A história da Chrysler no Brasil começou quase uma década depois e se entrelaçava com a da Simca do Brasil. Tal ligação ocorreu porque a Chrysler Corporation comprou 65 por cento das ações da Simca mundial, tornando-se dona majoritária. Com a crise financeira pela qual a subsidiária da Simca no Brasil passava, além de uma série de falhas mecânicas apresentadas pelos modelos da marca, a Chrysler enviou no início de 1967 o americano Eugene Cafiero para assumir todas as operações da empresa no Brasil.

Também veio para o país Victor G. Pike, que seria responsável por sanear a grave crise financeira da Simca, principalmente após os sucessivos fracassos. Entre as suas primeiras medidas, estavam a demissão do engenheiro-chefe Jean-Jacques Pasteur e de toda a sua equipe, com redução do quadro de funcionários de 1.700 para 1.300 pessoas. Apesar do corte geral de pessoal, a fábrica se tornou mais eficiente e apresentou aumento da produção diária de dezoito para vinte carros, com a promessa de, ao final da reestruturação, a produção chegar a trinta carros por dia.

Era o fim da Simca do Brasil, apesar dos esforços dos funcionários e da genialidade do engenheiro Pasteur, que teve a missão de tocar uma empresa com pouco dinheiro e quase sem apoio externo, já que a sua matriz, na França, havia sido vendida no final de 1963.

A Chrysler, por sua vez, demorou alguns anos para voltar as atenções para a filial brasileira, mas a imprensa especializada veiculava notícias de que a empresa

Simca Chambord, belo e requintado, mas com mecânica problemática no Brasil.

A chegada ao Brasil

Novo Esplanada reestilizado, agora fabricado pela Chrysler.

fabricaria por aqui modelos atualizados como o Valiant ou o Dart. Havia quase uma unanimidade de que os modelos da marca Simca deixariam de ser fabricados.

Nos bastidores da fábrica, Victor Pike pensava em novos produtos, mas resolveu num primeiro momento ganhar mercado com os modelos da extinta marca Simca, devidamente melhorados e agora feitos pela Chrysler. Três Esplanadas foram enviados a Detroit para estudos de todos os componentes e testes no moderno campo de provas da Chrysler americana, chegando-se à conclusão de que a continuidade de produção com a linha herdada da Simca ainda poderia ser um bom negócio.

Assim, surpreendendo a muitos, em agosto de 1967 o Esplanada e o Regente foram relançados no Brasil sob a marca Chrysler. A fábrica divulgou que havia corrigido 53 defeitos. O motor era o mesmo EmiSul, devidamente melhorado mas com 130 cv em vez de 140 cv, o interior e o painel foram redesenhados, e, externamente, algumas mudanças estilísticas foram feitas, como a nova frente, com quatro faróis e grade dianteira de novo desenho, além de novos frisos e calotas.

Mas a principal novidade não podia ser vista, e sim sentida, já que a Chrysler oferecia aos seus consumidores uma garantia inédita no Brasil: dois anos ou

Simca Esplanada 1967, virtual substituto do Chambord, com apenas 167 carros produzidos, já que a Chrysler assumia de vez as operações da Simca do Brasil.

36.000 km! Com certeza uma grande sacada, e intensamente explorada em campanhas publicitárias com o intuito de limpar a imagem do carro junto ao público.

Uma dessas propagandas, veiculada em 1968, mostra um Esplanada com uma placa no para-brisa que dizia: "Vende-se Esplanada 68 com garantia de fábrica", o que significava que isso poderia perfeitamente ocorrer em 1970. Ou seja, mesmo nessa época, o comprador poderia adquirir o carro com quase dois anos de uso ainda na garantia.

O Esplanada passou a ostentar orgulhosamente uma plaqueta na tampa do porta-malas com os dizeres "FABRICADO PELA CHRYSLER DO BRASIL", o que transmitia maior confiabilidade ao produto e também era explorado nas campanhas publicitárias.

Após a reestruturação da empresa, Victor Pike exigiu dos fornecedores maior comprometimento. Só essa medida já se refletiu na melhoria dos produtos, notadamente na parte mecânica, principal temor dos antigos compradores do Esplanada. Assim, defeitos como o comando de válvulas, cuja superfície não era endurecida de acordo com as especificações, e a tampa do radiador, que não suportava a pressão, foram logo solucionados. Com tudo isso, a Chrysler podia oferecer essa garantia tão longa para um veículo obviamente mais confiável.

Além disso, também estavam nos planos da empresa um maciço investimento na rede de concessionárias e de serviço e a construção de uma nova fábrica, ficando a antiga apenas para a usinagem dos motores. Tudo isso com apoio da matriz de Detroit.

O DODGE VEM AÍ

Em meados de 1968, a Chrysler já deixava ventilar na mídia sua intenção de fabricar no Brasil um autêntico Chrysler, mas ainda não havia um consenso de que carro seria esse. Apenas uma certeza, ou diretriz: o produto permitiria permuta de peças com veículos de outros países. Havia também pressões internas para que esse veículo brasileiro fosse o americano Dodge Dart, que também poderia compartilhar algumas peças com seu "primo" argentino. Sabia-se também de um investimento de 50 milhões de dólares para a produção dos caminhões Dodge e do futuro automóvel da marca. Nesse ano,

Esplanada GTX, novidade da Chrysler.

A chegada ao Brasil

enquanto planejava o lançamento do novo carro, a Chrysler lançou o modelo "esportivado" do Esplanada, o GTX.

A imprensa especializada começou a veicular novas informações sobre o futuro lançamento da Chrysler, agora com uma certeza maior de se tratar do Dodge Dart, com lançamento otimista previsto para o final de 1969.

O projeto Dart começou a tomar fôlego após a empresa anunciar o lançamento da linha de caminhões Dodge no mercado brasileiro, previsto para o VI Salão do Automóvel, no final de 1968. Esses caminhões e caminhonetes (pickup) usavam o famoso motor V-8 de 318 polegadas cúbicas, ou 5,2 litros, que podia perfeitamente ser aproveitado no automóvel, ao sofrer modificações específicas para ser usado em veículos de passeio.

O Dodge Dart brasileiro poderia ser praticamente o mesmo que já circulava pelas ruas dos Estados Unidos desde 1967, e também do México.

Hoje, sabe-se que a Chrysler já realizava os primeiros testes do Dodge Dart havia algum tempo. Internamente, a ordem já estava dada pela diretoria para que o Dart fosse lançado na data predeterminada, ou seja, no final de 1969, como modelo 1970, e para que isso ocorresse não deveriam ser medidos esforços. O motivo para essa pressa estava na concorrência, uma vez que a Ford tinha acabado de lançar o Galaxie e a General Motors estava

A Chrysler realiza testes com o Dart americano, sempre flagrados pelos fotógrafos da imprensa especializada.

em fase final do projeto Opala, cujo lançamento oficial ocorreria já no Salão do Automóvel de 1968.

Na ocasião, três Dodges Dart foram importados da matriz para os primeiros testes, ainda secretos, pelas estradas e ruas brasileiras, sempre de madrugada para evitar o assédio da imprensa e dos curiosos. Esses testes visavam adaptar o modelo americano às nossas diferentes condições de topografia e clima.

Comentava-se que a própria fábrica deixara vazar as informações e deixara fotografar os veículos importados para teste como forma de publicidade antecipada e medidor da expectativa e da curiosidade dos compradores, fato que se tornou comum na imprensa especializada da época. Não podemos afirmar se isso é verdade, mas...

A partir das publicações dessas reportagens, criou-se uma imensa expectativa em torno do lançamento do Dart, afinal, o consumidor brasileiro estava cada vez mais sedento por novidades.

No final do ano, a Chrysler do Brasil anunciou oficialmente a produção do seu automóvel – o Dodge Dart –, o mesmo modelo oferecido no mercado americano em 1968 (já como modelo 1969), ou seja, um veículo moderno, com carroceria monobloco, motor V-8 silencioso e potente, excepcional torque e desempenho, suspensão dianteira independente com barra de torção longitudinal, confortável, estável e com estilo atual.

No VI Salão do Automóvel, realizado no Pavilhão do Ibirapuera em novembro de 1968, a Chrysler não apresentou novidades, já que todos os esforços estavam focados no projeto Dart. Em seu estande só ficaram expostos alguns Esplanadas, dando maior ênfase ao recém-lançado GTX. Nada pôde ser mostrado em relação ao Dart, já que os modelos em teste eram importados, ainda sem componentes nacionais, e o salão na época só aceitava modelos feitos no Brasil.

A maior novidade da Chrysler, como já se esperava, não era um automóvel, eram os utilitários Dodge, que foram apresentados ao público em três versões: a pickup D-100, o caminhão leve D-400 e o caminhão pesado D-700, e o novo motor V-8 brasileiro, que serviria de base para o já aguardado Dart.

Todo o esforço da Chrysler foi brindado no final do ano com os bons resultados de vendas do Esplanada – em 1967, foram vendidos 3.731 carros; já em 1968, esse número saltou para 8.564. Isso aumentava a ansiedade dos executivos da empresa para o lançamento do Dart, que definitivamente iniciaria uma nova fase para a companhia.

No início de 1969, os testes com o Dart se intensificaram e passaram a ser realizados, de preferência, na mais tradicional "pista" de testes da época, muito usada por todas as outras fábricas para a avaliação de seus novos produtos – a estrada velha de Santos. A então moderna Via Anchieta tornou-se a preferida da maioria dos motoristas a caminho do litoral paulista e, com isso, o movimento da romântica estrada velha caiu muito e facilitou os testes de novos carros. Outra vantagem estava na própria topogra-

A Chrysler lança no Salão do Automóvel a linha de utilitários, com o mesmo motor que seria usado no Dart.

A chegada ao Brasil

fia da região, com subidas íngremes e curvas fechadas, excelentes indicadores para a tropicalização do produto. O carro que vencesse toda a subida da serra, principalmente nos típicos dias de calor tropical, estaria apto para rodar sob condições brasileiras.

Durante o ano, os protótipos dos carros americanos, já com alguns componentes nacionais, continuavam na maratona de testes visando um bom desenvolvimento do projeto. Mas já havia uma certeza: o Dart seria lançado inicialmente na versão com quatro portas. Apesar disso, ainda no primeiro semestre, foram flagrados testes com versões de duas portas, com a capota ligeiramente puxada para trás e estilo fastback, cujo lançamento estava previsto para 1971. Por causa do visual mais ousado, a imprensa especializada já o chamava de Dart GT. Os carros testados no Brasil eram do modelo americano de 1968. Para dar prosseguimento aos últimos ajustes, a Chrysler importou mais três unidades, essas mais modernas, de 1969, que apresentavam pequenas mudanças em relação ao modelo anterior. Esse novo Dart serviria de modelo para a versão brasileira, que manteria inalterado o desenho original americano.

Como a grande preocupação da diretoria era lançar um carro que fosse altamente confiável, a empresa decidiu fabricar as primeiras unidades do Dart com cerca de 60 por cento de peças importadas. Isso porque a Chrysler brasileira acreditava que, naquele momento, o setor de autopeças nacional não estava totalmente preparado para suprir todas as exigências desse novo produto.

Com componentes importados, já devidamente testados pelo consumidor americano, a fábrica queria evitar falhas comuns aos carros novos brasileiros da época em seu lançamento, problemas que poderiam prejudicar a campanha da Chrysler concentrada na qualidade e na confiabilidade de seu produto. As peças seriam gradativamente substituídas pelas nacionais à medida que os fabricantes fossem se adaptando – e a Chrysler era muito rígida com seus fornecedores, exigindo qualidade em todos os componentes que utilizava.

Enquanto o Dart não chegava, a Chrysler aprimorava o Esplanada, que apresentou algumas novidades para 1969, como o painel de jacarandá, os tapetes buclê de lã e os bancos de couro. Com o desenvolvimento de seus componentes, o motor voltou a ter os 140 cv iniciais. Em 1969, foram vendidos 3.610 Esplanadas, 631 GTXs e 1.563 Regentes, num total de 5.804 veículos comercializados.

A Chrysler importou alguns Darts americanos modelo 1969 para os últimos testes. O carro brasileiro seria visualmente igual a este modelo, ou seja, muito atualizado. Na foto, testes realizados com o cupê de duas portas, com previsão de lançamento no Brasil para 1971.

O LANÇAMENTO DO DODGE DART

O lançamento oficial do Dodge Dart para a imprensa ocorreu em 10 de setembro de 1969 no Hotel da Orla, na cidade do Guarujá, litoral sul de São Paulo, e foi cercado de muito segredo: o carro apresentado era um modelo na cor amarelo-carajás, com teto de vinil preto, levado ao Guarujá na noite anterior ao lançamento num caminhão todo fechado, depois do expediente normal da fábrica. O relato de alguns funcionários da Chrysler do Brasil da época dá conta de que um incidente quase adiou o lançamento do Dart no Brasil:

> O carro ficaria exposto numa plataforma montada dentro da piscina do hotel, mostrando assim o novo modelo para todos da imprensa, mas não permitindo que ninguém chegasse muito perto. Na hora de colocar o carro nessa plataforma, uma pequena rampa de madeira montada na piscina se quebrou e a roda do carro caiu na água. A caixa da soleira das portas, juntamente com o friso cromado, ficaram bem amassados! Pensou-se então em adiar o lançamento e toda a festa prevista para dali a poucas horas, mas a persistência de alguns gerentes e diretores não permitiu que isso ocorresse: eles subiram a Serra do Mar rapidamente com destino a São Paulo, e, no meio da noite, uma equipe foi procurar funileiros e pintores da fábrica em casa, depois foi buscar equipamentos e ferramentas na fábrica e voltou rápido para o Guarujá. O pessoal trabalhou dentro da piscina, durante a madrugada, reparando a funilaria e retocando a pintura para o lançamento, que ocorreu no dia seguinte sem que ninguém soubesse dessa ocorrência.

Sem dúvida, vale o registro do depoimento de uma época romântica da indústria automobilística brasileira, feita por pessoas que vestiam a camisa da empresa e eram apaixonadas pela marca. Esses funcionários da Chrysler do Brasil se reúnem até hoje, duas vezes por ano, e não admitem ser chamados de ex-funcionários.

O sucesso do lançamento do Dodge Dart foi muito grande e a imprensa noticiou o acontecimento com euforia.

Inicialmente, o Dart foi oferecido em duas versões de acabamento, uma mais simples e identificada pelas letras LL na plaqueta, hoje muito rara, e a versão mais luxuosa, e mais comum, identificada pelas letras LH, sempre na versão de carroceria com quatro portas, com alguns opcionais

Dodge Dart amarelo-carajás: um carro semelhante a este foi usado no lançamento no Guarujá em setembro de 1969.

A chegada ao Brasil 25

Painel do Dodge Dart – completo para os padrões da época.

de acabamento como teto de vinil, frisos cromados nas laterais, nas caixas e nas aberturas das rodas, servofreio, acendedor de cigarros e rádio. O interior possuía bancos que podiam ser de curvim ou de tecido buclê, e o carpete era fornecido pela Tabacow. O interior, em geral monocromático (bancos, carpetes, laterais e forro do teto na mesma cor), era oferecido em preto, verde ou azul, sempre em combinação com a cor externa, cujas opções de lançamento eram amarelo-carajás, azul-abaeté metálico, azul-profundo metálico, branco-polar, preto-formal e verde-imperial.

O Dart era equipado com o enorme motor V-8 de 5.212 cm^3 e 198 cv, capaz de levar os seus quase 1.500 kg a uma velocidade de 175 km/h, passando a ser assim o carro de série brasileiro mais veloz, título que até então pertencia ao Opala, quando equipado com o motor de seis cilindros e que chegava aos 170 km/h.

Oficialmente, não existe Dodge Dart 1969, já que os primeiros carros fabricados no Brasil, de setembro a dezembro de 1969, eram oferecidos como modelo 1970

O Dart atingia a velocidade máxima de 175 km/h, passando a ser o carro de linha mais rápido do Brasil.

e possuíam apenas a data gravada na plaqueta de identificação: "Fabricação 1969". No início, por decisão de alguns executivos e gerentes da fábrica, a numeração do chassi dos Dodges Dart nacionais começou a ser contada a partir do número 500, assim não existiram Dodges brasileiros com número de chassi abaixo desse número. Adotou-se essa estratégia para que o consumidor não pensasse estar adquirindo um carro das primeiras unidades produzidas, sujeitos a muitos ajustes e itens a serem melhorados na produção futura, fato bastante comum na época e relatado em muitas lendas e mitos automobilísticos.

Como esperado, com a chegada do Dart, a linha Esplanada deixou de ser produzida. E na ocasião do seu lançamento havia alguns concorrentes no mercado brasileiro, os recém-lançados Chevrolet Opala (desde que equipado com motor de seis cilindros) e Ford Galaxie, além dos antigos e em final de carreira Aero Willys e FNM 2150.

Nos Estados Unidos, o Dart era considerado um carro popular, sem muita sofisticação. Num primeiro momento, a Chrysler não teve a intenção de fazer um carro de luxo, e sim um veículo mais barato. No entanto, para os nossos padrões, o modelo brasileiro, praticamente idêntico ao americano, era um carro de luxo. No lançamento, ele foi apresentado com acabamento interno simples, bancos de vinil e o mesmo material nas laterais das portas. O painel também era simples, com uma peça de plástico preto que cobria toda a largura interior do carro e alguns detalhes pintados de prateado, mas com instrumentação completa, pois nele havia dois instrumentos circulares: do lado esquerdo, o velocímetro com hodômetro total e parcial; do lado direito, do mesmo tamanho, um mostrador incorporava algumas funções, como indicadores de pressão de óleo, da carga da bateria, do nível de combustível e da temperatura do motor. Já no meio desses dois instrumentos, e num formato menor, ficava o relógio elétrico, todos iluminados na cor azul. Era um painel muito completo, com seis instrumentos, o que muitos esportivos, até os importados, não ofereciam. Ainda no painel, instalado bem no centro na parte inferior, ficava o cinzeiro com acendedor de cigarros. Um dos problemas em sua localização era que, quando aberto e em uso, os quebra-ventos tinham que necessariamente ficar fechados, pois o vento espalhava as cinzas pelo assoalho do carro.

Alguns detalhes pareciam muito sofisticados e interessantes para a época, como luzes de cortesia no porta-luvas, no porta-malas e no compartimento do motor. Outra luz iluminava por 20 segundos o lugar da chave de contato toda vez que se abria a porta, facilitando ligar o motor no escuro.

No Brasil, era tido como carro grande, mas não tinha tanto espaço interno como seu concorrente mais direto, o Galaxie. Apesar disso, os seis passageiros que com-

A chegada ao Brasil

portava viajavam com conforto, possibilitado pelo banco dianteiro inteiriço e pela alavanca de câmbio na coluna de direção. Só tinha direito a cinto de segurança o motorista e um acompanhante do banco da frente. O porta-malas tinha capacidade de 436 litros, suficiente para a bagagem de toda a família, mas o estepe ficava num recesso no assoalho e, em caso de troca de pneu, toda a bagagem tinha de ser retirada para se chegar ao pneu sobressalente.

Algumas curiosidades precisam ser citadas sobre os Darts fabricados no Brasil de setembro a dezembro de 1969. Por exemplo, a abertura do capô era externa, numa pequena alavanca acima da grade, no centro, sob o capô, como na maioria dos veículos americanos da época, mas, no Brasil, foi logo modificada em razão do possível roubo de peças. Do mesmo modo, a tampa do tanque de combustível, que não possuía chave, passou a ser oferecida sempre com chave para coibir o roubo de combustível. O acabamento interno desses primeiros Darts geralmente era monocromático, com bancos, carpetes, laterais e forro do teto na mesma cor, bem ao gosto americano. Outros pequenos detalhes eram a famosa "Pentastar" – o emblema-logotipo da marca no pé do para-lama dianteiro direito – e os refletores "olho de gato" traseiros, fixados com parafusos aparentes.

Os primeiros Darts saem da linha de montagem no final de 1969 já como modelo 1970.

CAPÍTULO 3

A EVOLUÇÃO DOS MODELOS

1970 – LANÇAMENTO DO CUPÊ

Lançado em setembro de 1969, o Dodge Dart consolidou-se em 1970 no mercado brasileiro como produto atual, moderno, seguro, confortável e principalmente de ótimo desempenho, recebendo elogios da imprensa especializada e do público em geral.

A Chrysler investiu muito nesse primeiro ano em propaganda e na ampliação da rede de concessionárias e de assistência técnica em todo o Brasil.

Como já foi dito, uma grande preocupação da fábrica era a qualidade do produto, que exigia dos fornecedores uma adequação ao rigoroso controle do padrão Chrysler de qualidade. Como nem sempre isso era possível, os primeiros carros saíram da linha de montagem com várias peças importadas. Mas, após alguns meses, todos os componentes foram desenvolvidos pelos fornecedores de autopeças brasileiros. Assim, podemos afirmar que a Chrysler do Brasil foi responsável pelo desenvolvimento de muitas indústrias de autopeças nacionais, que se fortaleceram e logo se tornaram exportadoras, até para países com mais tradição automobilística.

O sucesso do Dart logo começou a incomodar a concorrência. Por isso, a Ford lançou um Galaxie sem o "sobrenome" 500, mais barato e sem luxo para competir com o Dart. Como contragolpe, a Chrysler iniciou estudos para um Dart mais simples, ou Standard, que viria sem frisos, sem garras no para-choque e com calotas menores, mas logo abandonou essa ideia. Então, decidiu-se que o Dart seria oferecido em versão única, mais simples e que poderia ser equipada com acessórios e opcionais no ato da compra, como frisos laterais e caixa de rodas, calotas maiores, acabamento interno de buclê, teto de vinil etc., a maioria dos carros saía da concessionária sempre bem equipada.

Ainda no primeiro semestre do ano, choveram boatos sobre uma nova versão do Dart, o cupê de duas portas. Na General Motors, alguns Opalas já eram flagrados em testes na versão cupê de duas portas (na época, o Opala também só existia na versão de quatro portas), e, graças ao visual mais esportivo do teto estilo fastback, logo foi

O Dodge Dart foi um sucesso no mercado brasileiro, provocando a concorrência.

A evolução dos modelos

apelidado pela imprensa de Opala GT. A versão realmente esportiva seria o Opala SS.

O mesmo ocorreu com a Chrysler, que já planejava uma versão de duas portas desde o início do projeto. Alguns exemplares americanos estavam sendo testados em solo brasileiro havia algum tempo, sempre perseguidos pelos fotógrafos das revistas especializadas (foi até matéria de capa da revista *Quatro Rodas* de julho de 1970). Aproveitando a onda do visual esportivo, também recebeu o mesmo "sobrenome" que o Opala "secreto", ou seja, Dodge Dart GT. O verdadeiro esportivo só viria em 1971, com o nome Charger R/T.

No final de 1970, a Chrysler apresentou a tão esperada versão de duas portas (que ainda não era o esportivo). O novo cupê, da mesma forma que o sedã, era oferecido em versão única, Dart de Luxo, e podia ser adquirido com acessórios, tornando-se ainda mais luxuoso. Segundo o presidente da empresa, Joseph O'Neil, a criação do cupê tinha como objetivo atrair alguns proprietários de carros esportivos importados.

Apesar de ter sido lançado em 1970, o cupê saía de fábrica como modelo 1971 – o mesmo que ocorreu com o Dart sedã anteriormente.

Esteticamente, como se esperava, esse tipo de carroceria dava ao carro um visual mais ousado e esportivo, ajudado pelo formato do teto e do vidro vigia traseiro mais inclinado e pela ausência das colunas "B" (centrais). Com isso, quando as janelas laterais estavam totalmente abertas, formavam uma grande área livre, ficando mais parecido com um hardtop cupê esportivo americano, ótimo nos dias de calor pelo grande aumento da ventilação interna. O espaço interno do cupê era pouco menor que o do modelo com quatro portas. O acesso dos passageiros ao banco traseiro era facilitado pelo encosto do banco dianteiro rebatível e pelas portas maiores.

Externamente, além do formato do teto, havia poucas mudanças na versão sedã: a pintura da grade vinha toda em preto com apenas um friso cromado no centro e nos contornos dos indicadores de direção; nas laterais, um filete percorria toda a extensão da carroceria do para-lama dianteiro até a lateral traseira; na tampa do porta-malas, também uma pintura em preto-fosco. Nos modelos de quatro portas, um novo friso cromado foi aplicado no centro da tampa do porta-malas, que era pintada na cor do carro.

O recém-lançado Dart cupê foi uma das maiores atrações do VII Salão do Automóvel, no final de 1970, já como modelo 1971.

O cupê ganhou dois frisos na traseira, com pintura preta-fosca entre eles, e teto ligeiramente puxado para trás, que dava um visual mais esportivo ao carro.

Mecanicamente, o cupê era idêntico ao sedã, mas a velocidade máxima e a aceleração eram ligeiramente melhores. Internamente, também tinham o mesmo padrão e os mesmos equipamentos. No primeiro teste do Dart Coupé, o principal comentário da revista *Quatro Rodas*, em outubro de 1970, foi: "Ele consegue fazer mais de 180 km/h com os mesmos 198 cv do Dart de quatro portas. Tem linhas mais bonitas e sua dirigibilidade é melhor".

Na realidade, a única variação de modelo do Dodge Dart desde o lançamento até o fim da linha, em 1981, foi justamente esse modelo de carroceria cupê de duas portas. Todas as outras modificações do carro foram apenas de acabamento e de estética, com criativos recursos estilísticos, na tentativa de adequá-lo às constantes mudanças de mercado e à situação econômica do país.

Graças ao empenho, à perseverança, à garra, à criatividade e ao jogo de cintura dos funcionários e executivos da Chrysler do Brasil, diversas variações de um mesmo produto foram obtidas, para continuar atual diante da concorrência e superar as várias crises, principalmente a do petróleo, que infelizmente ocorreu no auge do sucesso do Dart.

Provando que a Chrysler estava no caminho certo, as vendas do Dodge Dart só cresciam. Outra boa notícia foi a de que o público brasileiro aprendeu a confiar nos produtos da empresa, já que os antigos problemas de confiabilidade herdados da Simca tinham sido definitivamente esquecidos.

Com os vidros laterais abaixados, o Dart Coupé exibia grande área aberta, pela ausência da coluna central.

A evolução dos modelos

1971 – A FAMÍLIA CRESCE

O Departamento de Marketing da Chrysler do Brasil sempre criava *slogans* inteligentes, e para 1971 sua campanha dizia: "Dodge, dirija-o e ame-o", inspirada no lema patriótico: "Brasil: ame-o ou deixe-o". O Dart continuava praticamente o mesmo. As poucas novidades eram mecânicas, objetivando maior segurança, com a adoção de alguns opcionais: freio dianteiro a disco com servofreio, que reduzia muito o esforço do pedal e os espaços de frenagem, bem como reduzia bastante o chamado *fading* (diminuição da ação pelo aquecimento), comum nos freios a tambor; direção com assistência hidráulica, que tornava o dirigir mais agradável – a direção sem assistência era muito desmultiplicada, com sete voltas de batente a batente, e pesada em manobras –; e o câmbio automático, que permitia ao motorista enfrentar o trânsito com muito menos esforço e sem prejuízos ao desempenho, já que o motor tinha excelente torque mesmo em baixas rotações. Com o câmbio automático como opcional, a Chrysler pretendia atingir um público mais exigente, comprador de carros importados. No Brasil, apenas o Galaxie e o LTD, da Ford, ofereciam esse tipo de câmbio. Totalmente importado da matriz americana, essa caixa, derivada da Torkeflite americana, assim como a C4 da Ford, tinha três marchas à frente com as seis indicações: E (estacionamento), N (neutro ou ponto morto), R (marcha à ré), D (drive, a mais usada, na qual as três marchas funcionavam), 2 (funcionavam só a primeira e segunda marchas, usadas em ladeiras mais íngremes ou quando se desejava freio-motor em segunda) e 1 (apenas a primeira marcha, nos casos em que se precisava de tração ou freio-motor máximos). Mas a grande novidade do ano foi a criação de dois novos modelos: o Dodge Charger e o Dodge Charger R/T. Este último logo se tornaria um dos carros mais desejados e cobiçados de toda a história da indústria automobilística brasileira.

Slogan utilizado pela Chrysler em 1971.

Na traseira, o Dart Sedan 1971 possuía um exclusivo friso central na tampa do porta-malas.

DODGE CHARGER E CHARGER R/T

Derivados do Dodge Dart Coupé, o modelo Charger e a sua versão mais apimentada, o Charger R/T, eram os topos de linha da Chrysler do Brasil e apresentavam requinte, esportividade, desempenho e velocidade.

Associada ao R/T ou Road & Track (traduzindo literalmente, "estrada e pista"), estava a imagem de um veículo rápido nas estradas e nas pistas de competições. Essas duas letrinhas mágicas já eram utilizadas nos Estados Unidos em versões mais potentes dos muscle cars da Chrysler, assim como o nome Charger indicava que o carro era mais forte e "nervoso". No Brasil, a feliz combinação do nome Charger com as letras R/T intimidava qualquer GT ou SS da concorrência, em especial o Opala SS, ainda produzido com quatro portas na ocasião.

Vale lembrar que o Charger americano em sua versão Daytona, criada para homologar o carro para as provas da Nascar, podia atingir 200 milhas por hora, ou seja, ultrapassava os 300 km/h! Isso em 1968! Já o nosso Charger era mais comportado para os padrões americanos, mas mais que o suficiente para o nosso mercado.

O trabalho da Engenharia e principalmente do Departamento de Estilo da Chrysler brasileira, na época a cargo de um talentoso e criativo jovem, Celso Lamas, foi maravilhoso ao desenvolver os dois novos modelos a partir do Dart de duas portas com poucas modificações, mas criando uma personalidade própria a ponto de os Chargers terem se tornado quase novos carros, exclusivos e objetos de desejo para seletos compradores.

Lançamento da Chrysler, o esportivo Charger R/T logo se tornou sonho de consumo brasileiro.

Outro derivado do cupê, o Charger: luxo e esportividade.

Em relação ao Dart Coupé, as principais mudanças estéticas foram basicamente a nova grade dianteira em que os faróis ficavam escondidos (e que se tornou a marca registrada do modelo) e a nova capota com as colunas traseiras mais largas. A grade dianteira era bem ao estilo americano, com elementos horizontais de alumínio polido e faróis ocultos sob ela, só perceptíveis quando acesos; e ainda dois piscas, ou luzes direcionais, circulares, também sob a grade, aproveitados dos faróis auxiliares e luzes direcionais do antigo Simca Chambord, mas com lente de vidro na cor âmbar. A nova grade dianteira lembrava o primeiro Charger americano, de 1966, só que este possuía quatro faróis escamoteáveis e tinha grade com elementos verticais.

A solução de estilo para o teto repuxado ou alongado foi a incorporação de dois prolongamentos, ou rabetas, soldadas no final do teto, nas colunas traseiras, junto ao vidro traseiro, que continuava na mesma posição. Todos os modelos Charger possuíam teto de vinil de textura corrugada, que cobria o prolongamento do porta-malas ao vidro traseiro nos modelos 1971 e 1972, dando-lhe um ótimo acabamento. Como resultado o carro, visto lateralmente, parecia um fastback – modelo de carroceria em que o teto e o vidro traseiro têm caimento mais suave, como no Mustang, no Camaro e mesmo no Charger ameri-

O desejado Charger R/T.

Interior do Charger R/T, com os opcionais bancos individuais, câmbio no chão e console central.

O 318 V-8 de 215 cv do Charger R/T é o maior motor produzido no Brasil até hoje.

cano de 1968/1969. Vale lembrar que o modelo americano era completamente diferente do brasileiro, pois utilizava outra plataforma e carroceria, e o nosso Charger era apenas uma variação do Dart.

Olhando o Charger por trás, percebia-se que o vidro traseiro ficava praticamente embutido no teto, realçando ainda mais a esportividade.

O R/T possuía faixas decorativas aplicadas em preto-fosco nas laterais traseiras com as letras R/T vazadas e exclusivas rodas esportivas, chamadas de Magnum 500, opcionais para o Charger, que utilizava as mesmas calotas integrais dos Darts.

As rodas do Dodge Dart/Charger brasileiro tinham uma furação exclusiva, diferente de qualquer Chrysler no mundo: os freios do modelo nacional foram desenvolvidos a partir do excelente e superdimensionado freio do Simca Chambord, cujo tambor foi aproveitado com as medidas originais em milímetros (o americano é medido em polegadas). Isso significa um problema para o restaurador de hoje: como muitas peças de reposição são importadas, a única opção é a do mercado de reposição americano, e por lá essa furação não existe.

Internamente, os Chargers eram muito luxuosos e bem-acabados; o R/T tinha bancos de couro individuais reclináveis e câmbio manual de quatro marchas com acionamento no assoalho – opcional para

A evolução dos modelos 39

o Charger. O exclusivo volante esportivo da marca Walrod, feito com aro de madeira e raios de alumínio, tinha ótima empunhadura, apesar de um pouco grande para um carro de apelo esportivo. O painel de instrumentos era completo, praticamente o mesmo da linha Dart, exceto no centro, onde foi instalado um conta-giros no lugar do relógio da linha Dart.

Na parte mecânica, as modificações ficaram basicamente na potência do motor: 205 cv no Charger e 215 cv no Charger R/T (e, no Dart, 198 cv); essa potência era obtida graças ao escapamento de saída dupla, ou 8x2 no Charger (gerando 205 cv), e de saída simples no Dart (gerando 198 cv). No Charger R/T, a potência era maior por causa do aumento da taxa de compressão de 7,5:1 para 8,4:1, o que obrigava a utilização de gasolina azul, de maior octanagem, disponível na época,
algo como as gasolinas premium e podium atuais. Já os freios a disco nas rodas dianteiras eram de linha no R/T e opcionais no Charger.

Com tudo isso, o Charger R/T foi um dos carros mais desejados do nosso mercado. Tinha o maior e mais potente motor jamais fabricado no Brasil para um veículo de passeio. Passou então a ser o carro de linha mais veloz do país e não se intimidava diante da maioria dos importados.

Para os brasileiros, até então acostumados com veículos mais comportados, o enorme motor do R/T, V-8 com 5.212 cm³, tinha um ronco que causava arrepios e podia chegar a velocidades acima de 190 km/h. A aceleração também impressionava: em menos de 11 segundos atingia 100 km/h, ajudado pelo câmbio manual de quatro marchas. Era de longe o carro mais rápido e "nervoso" do Brasil.

O Charger R/T atingia velocidade máxima de 190 km/h, passando a ser o carro de série mais rápido do Brasil.

Como o câmbio manual de quatro marchas tinha as relações mais próximas e o motor tinha potência de sobra, o R/T era o único carro brasileiro capaz de partir da imobilidade em segunda marcha! Tudo isso exigia freios mais eficientes, então foram instalados discos de 305 milímetros de diâmetro nas rodas dianteiras, que o tornavam mais seguro. Claro que a economia de combustível não era o seu forte, fazendo algo em torno de 5 quilômetros por litro, mas na época o preço da gasolina ainda não significava um grande problema.

1972 – NASCE O DART SE

Seguindo a tradição publicitária, um novo *slogan* foi criado para as propagandas: "Dodge. O resto é passado". Nos carros, as novidades foram poucas. Nos modelos Dart, apenas alterações cosméticas. Externamente, ganharam novas cores, o friso cromado da grade dianteira ficou mais largo e as lanternas direcionais dianteiras que o interrompiam, antes brancas, ganharam nova cor âmbar. As luzes direcionais que ficavam sobre os para-lamas dianteiros, conhecidos como "torpedinhos", foram instaladas nas bordas dos para-lamas. O emblema "Dodge" da frente do capô foi deslocado para o lado esquerdo.

Dois filetes finos e paralelos percorriam toda a lateral da carroceria bem ao centro, interrompidos no final da lateral traseira pelo emblema "Dart de Luxo". Dependendo da cor do carro, esses filetes podiam vir na cor branca ou preta. A lanterna traseira – a mesma do Dart americano de 1968, porém de plástico injetado e cromado – foi redesenhada; antes dividida em duas partes da mesma cor, agora eram três gomos horizontais, sendo o central na cor branca no qual foi instalada a luz de ré. No centro da tampa do porta-malas, entre as lanternas, um novo friso de alumínio com a palavra "Dodge" em preto.

Internamente, também houve poucas modificações: um dos defeitos do Dart, apontado em testes pela imprensa especializada e alvo de reclamações dos usuários, os mostradores com grafismo de difícil visualização, principalmente à noite, foram redesenhados – o fundo passou a ser branco com os números em preto, para facilitar a leitura. No velocímetro (à esquerda), não havia mais o hodômetro parcial, substituído por um total que também marcava centenas de metros. Do outro marcador circular e grande à direita, que antes reunia o amperímetro e os marcadores de pressão de óleo do motor, de temperatura da água e nível de gasolina, foram suprimidos o marcador de

Novo *slogan* usado pela Chrysler.

À esquerda: o Dodge 1972 ganhou grade com mais detalhes. Luzes direcionais na cor âmbar e emblema "Dodge", agora do lado esquerdo. À direita: O Dodge Dart ganhou novo friso na tampa do porta-malas. A lanterna também era nova em toda a linha.

pressão de óleo e o amperímetro, substituídos apenas por luzes-testemunha. Esse mesmo mostrador ganhou luzes indicadoras do farol alto e do freio de estacionamento, que acendiam quando acionados – essas luzes antes ficavam isoladas no painel. Essas modificações eram comuns a toda a linha, inclusive no Charger e no Charger R/T, mas nesses o conta-giros ocupava o lugar do relógio, num mostrador circular ao centro.

O painel dos modelos de luxo era revestido com material que imitava jacarandá, enquanto nos modelos básicos continuava na cor prateada. O comando do sistema de ventilação foi simplificado em todos os modelos, e agora o ventilador de duas velocidades e o regulador de distribuição de ar podiam ser comandados em uma única alavanca.

Outra modificação comum a todos os carros foi na mecânica, mais precisamente no sistema elétrico. O conjunto de cabos e fios, também chamado de chicote, antes dividido em duas partes, ficou inteiriço.

Nos anos anteriores, a caixa de fusíveis ficava instalada sob o painel, ou seja, uma simples substituição de fusíveis exigia do motorista certa ginástica e contorcionismo, e era preciso muitas vezes se deitar no assoalho para realizar essa tarefa. Para facilitar a operação, a caixa de fusíveis passou a ser instalada no compartimento do motor, na parede de fogo, que separa o motor do habitáculo. Nessa mesma parede, foi deslocada também a bobina, no intuito de protegê-la do calor do motor.

Para melhorar a visualização, os instrumentos passaram a ter fundo na cor branca, com números em preto.

O Charger LS ganhou nova grade dianteira (igual ao R/T) e as demais mudanças do Dart.

O Dodge Charger, agora com o sobrenome oficial LS, recebeu as mesmas mudanças do Dart Coupé e Sedan, como filetes pintados na lateral, novas lanternas traseiras e novo chicote na parte elétrica. A frente foi mudada; a grade continuava a esconder os faróis, só que agora vinha totalmente pintada em preto-fosco e com o emblema "Charger" aplicado num rebaixo da grade no centro. No capô, diferente dos modelos Dart, não existia o emblema "Dodge". O painel de instrumentos, como dissemos, também recebeu a mesma melhoria para facilitar a leitura.

CHARGER R/T

O Charger R/T ganhou as maiores modificações na linha, além das ocorridas no Dart e no Charger. Continuava a ser o único equipado com o motor mais potente (215 cv), detendo ainda o título de carro de linha mais veloz do Brasil.

As modificações externas tornavam o R/T um pouco mais parecido com os esportivos americanos. A grade dianteira era pintada de preto-fosco e contornada por um friso de alumínio polido e com o emblema "Charger" num rebaixo no cen-

A evolução dos modelos

O Charger R/T ganhou nova grade, novas faixas no capô e travas esportivas.

O Charger R/T e suas novas faixas laterais, agora com rodas Magnum cromadas.

tro (igual ao Charger LS), o capô ganhou duas enormes faixas pretas paralelas que acompanhavam todo o seu comprimento, contornadas por um filete na mesma cor. As faixas laterais passaram a percorrer toda a lateral na parte superior, também contornada por um filete na parte inferior. A tampa do porta-malas, antes pintada de preto, passou a ter a mesma cor do carro e ganhou o mesmo friso metálico do Charger. Completando as modificações, as laterais traseiras ganharam emblemas "Charger R/T", e as maravilhosas rodas Magnum 500 passaram a ser cromadas.

Nesse ano, o Charger R/T ganhou um dispositivo que reforçava ainda mais seu visual intimidante e esportivo: travas de segurança do capô, antes usado somente em modelos esportivos importados ou em carros de corrida; basicamente dois pinos de aço cromado instalados nas extremidades da travessa do radiador no compartimento do motor, pelos quais o capô com furos correspondentes passava e depois era travado com um grampo em cada, sendo que cada grampo possuía um cabo de aço parafusado na travessa do radiador para que não se perdesse. As travas tinham como função impedir que o capô se abrisse com o carro em alta velocidade. Internamente, além das já descritas modificações do painel de instrumentos comuns a toda a linha, o R/T ganhou um estofamento redesenhado e revestido de couro liso de alto padrão. Os bancos dianteiros continuavam individuais e reclináveis, com alavanca de câmbio no assoalho. A direção hidráulica, o freio a disco dianteiro com servofreio e o teto de vinil eram itens de série. Como opcionais, apenas a pintura metálica e o ar-condicionado.

DODGE SE

Outra novidade para 1972 foi a criação do Dodge SE (Special Edition). Essa sigla tinha no Brasil significado diferente da utilização feita pela Chrysler americana, em que os modelos SE eram luxuosos e sofisticados. No Brasil o SE era a versão mais simples, despojada e barata de toda a linha, com apelo jovem e esportivo. Por ser voltada ao público jovem, tinha um preço mais acessível. Segundo relatos de ex-funcionários, a pedido da diretoria, o desenvolvimento do nosso SE foi muito rápido; em poucas semanas o protótipo seguiu para aprovação.

Pesquisas de mercado revelaram que muitos compradores de Dart gostariam de adquirir um Charger, mas não podiam pagar o preço muito maior. Então, não muito raro, os compradores equipavam ou personalizavam os Darts bem ao gosto do brasileiro, com rodas esportivas (ou apenas retiravam as calotas), bancos individuais e pintura dos frisos cromados em preto-fosco.

A concorrência já possuía veículos mais populares, principalmente a General Motors com o Opala cupê, que oferecia modelos com opções de motor de quatro e seis cilindros, e a versão Especial, mais simples e despojada. De olho nesse mercado, a Chrysler do Brasil desenvolveu em tempo recorde essa nova versão.

Barato e destituído de luxo, o SE tinha personalidade própria e aparência jovem e moderna. O resultado foi um carro com aspecto esportivo e ousado, visando principalmente o público mais jovem, que sonhava com um Charger, de preferência R/T, sem ter dinheiro para tanto. Seu preço na época era 29.785 cruzeiros contra 48.785 cruzeiros do R/T, representando o modo mais econômico de ter um carro esportivo com o cobiçado motor V-8.

Mais uma vez, a Chrysler desenvolveu uma forte e inteligente campanha publicitária para explorar esse produto. Na época do seu lançamento foram veiculadas inserções em revistas e jornais com *slogans* criativos como: "Dodge SE, um cupê sem paletó nem gravata", uma alusão ao fato de o carro ser dirigido ao público jovem, e "A Chrys-

O novo Dart SE, esportivo por um preço mais acessível.

A evolução dos modelos

ler lança um cupê para quem não quer passar dos trinta", referência ao seu preço, que não chegava a 30.000 cruzeiros, e ao seu público-alvo de jovens ou de quem tinha espírito jovem, com menos de trinta anos.

O proprietário do SE tinha grande prazer em dirigi-lo de forma mais esportiva, atingindo facilmente 175 km/h, graças principalmente ao menor peso em relação aos outros carros da linha. O problema era pará-lo, já que ele só dispunha de freios a tambor nas quatro rodas sem servofreio, insuficientes para o peso e a potência do carro. Uma freada em alta velocidade exigia um grande esforço do motorista.

O visual esportivo do carro lhe era conferido, primeiro, pelas cores vivas, chamativas, exclusivas e modernas. A grade, os frisos e as molduras das lanternas traseiras eram pintados em preto-fosco, assim como o enorme capô. Na lateral, três faixas pretas foram aplicadas em toda a extensão do carro, duas finas no alto e uma mais grossa embaixo, interrompidas nas laterais traseiras pelas letras "SE" também em preto-fosco, mesma cor usada na traseira, entre as lanternas. Ainda na traseira, o único adorno que existia era um pequeno emblema da fábrica, logo acima da fechadura do porta-malas.

Os limpadores de para-brisa e as molduras das janelas laterais também recebiam pintura em preto-fosco. Já as rodas eram prateadas e sem calotas, com apenas uma calotinha tipo copo no centro.

Por causa do preço mais baixo, o comprador não devia esperar luxo interno. Foram suprimidos a abertura interna do capô, o lavador do limpador de para-brisa, o retorno automático do pisca-pisca, o ventilador elétrico que auxiliava o desembaçamento do para-brisa em dias chuvosos e todas as luzes de cortesia. Mesmo a cobertura do painel de instrumentos não era acolchoada. Mas nem tudo se resumia em tristeza, já que o SE recebeu um volante esportivo e exclusivo, com três raios de metal e plástico imitando couro no aro e botão da buzina no centro. Uma contradição, já que esse volante era o mais caro de toda a linha Dodge.

Os bancos eram mais rústicos, com exclusivo revestimento de vinil em padrão quadriculado preto e branco. Os dianteiros eram individuais e anatômicos, mas não reclináveis. A alavanca do câmbio tinha acionamento no assoalho, só que, diferente do R/T, possuía apenas três marchas à frente, igual ao Dart. O motorista precisava de um tempo até se acostumar com a posição das marchas, em posição universal, diferente do convencional. O maior cuidado devia ser com a marcha à ré, que não possuía nenhuma trava contra engate involuntário e podia ser engatada acidentalmente por motoristas mais desatentos, pois ela ficava no lugar do que seria a primeira. Apenas o Jeep Willys e o Renault Dauphine utilizaram no Brasil essa posição de marchas com alavanca no assoalho.

O painel também foi simplificado, sem frisos cromados e totalmente na cor preta, mas, em contrapartida, lhe conferia um aspecto esportivo. A falta de estofado no painel causava insegurança aos ocupantes do banco da frente no caso de acidentes – estamos falando de uma época em que cintos de segurança ainda não eram de uso obrigatório.

O SE foi sem dúvida uma criação genial da Chrysler do Brasil, desenvolvida em curtíssimo tempo. Mais uma variação do Dart Coupé que atingiu, num primeiro momento, seu objetivo, abalou o mercado e mostrou mais uma interessante opção de produto oferecida pela marca.

Nesse ano, as vendas do Dart e do Charger se mantiveram praticamente estáveis: o Dodge Dart, incluindo o SE, vendeu 13.567 unidades e o Dodge Charger, incluindo o R/T, 2.316.

1973 – NOVIDADES

O ano de 1973 foi marcante para a indústria automobilística brasileira, pois ocorreu um lançamento importante, que não concorria diretamente com o Dart, mas mexeu bastante com o mercado automobilístico: o pequeno Chevette da General Motors. Com isso, a Chrysler também apressou e antecipou o lançamento do seu automóvel pequeno, no Brasil chamado de médio, o Dodge 1800.

A linha Dodge sofreu as maiores modificações desde 1969, ampliando a oferta de modelos com dois novos produtos: o Dodge Gran Coupé e Dodge Gran Sedan, respectivamente com duas e quatro portas e acabamento mais refinado e luxuoso que o Dodge Dart, buscando maior participação no mercado de carros de luxo, ocupado pelo Galaxie e pelo LTD Landau.

Na linha Dart, o modelo com quatro portas deixou de ser oferecido; então, nesse ano, a linha Dodge passou a contar com seis modelos: Dart Coupé, Dart SE, Gran Coupé, Gran Sedan, Charger LS e

Nova frente do Dart, com grade de plástico e novas molduras nos faróis. Na foto, o modelo Coupé de Luxo.

A evolução dos modelos

Charger R/T. Uma demonstração da capacidade da Chrysler do Brasil de desenvolver diferentes modelos e variações do mesmo carro para os mais diversos públicos, gostos e bolsos.

A principal modificação externa na linha 1973 foi a reestilização da grade dianteira em todos os modelos. Nos modelos Dart, SE, Gran Coupé e Gran Sedan, os faróis circulares receberam uma moldura retangular de plástico ABS injetado, assim como a grade central, dividida em dois retângulos horizontais; todo esse conjunto era pintado na cor prata, ou em preto no Dart SE. As lanternas direcionais, na cor âmbar, eram também retangulares; ocultas pela grade, só eram visíveis quando acionadas.

A nova grade plástica apresentava vantagens sobre a anterior, de alumínio: o novo material não amassava e era mais barato, com vantagens numa eventual substituição.

Já os modelos Charger LS e R/T ganharam uma nova e exclusiva grade dianteira que os deixou ainda mais exclusivos e bonitos. O emblema "Dodge" continuava na parte inclinada do capô do lado esquerdo, só que agora aplicado em letra cursiva (exceto o Charger R/T e o SE).

As lanternas traseiras também eram novas em toda a linha, do mesmo tamanho das anteriores, só que sem as três divisões, inteiras na cor vermelha, com apenas um pequeno retângulo branco dentro delas, onde se acendiam as luzes de ré. As molduras das lanternas traseiras eram de plástico cromado e, como sempre ocorria no modelo SE, pintadas em preto-fosco.

Outra melhoria comum a todos os modelos, com exceção do Dart Coupé, que era mais simples, foi o acabamento, que passou a ser mais bem cuidado. A pintura da carroceria, antes feita pelo processo de laca acrílica, passou a ser feita com esmalte, o que resultou em cores mais brilhantes e facilitou muito os retoques. Ondulações na chapa, comuns em um Dart recém-tirado da concessionária, deixaram de ocorrer com a melhora da qualidade da estamparia.

Internamente, algumas modificações importantes: um painel novo, com novos instrumentos, mas instalados na mesma posição, com nova grafia e moldura plástica que abrigava o rádio e o controle de ventilação. Essas melhorias visavam uma maior visibilidade dos instrumentos, já que as mudanças feitas no ano anterior não

Novas lanternas para a linha 1973: luz de ré integrada.

Painel com instrumentos redesenhados, para facilitar a leitura.

Novo *slogan* da Chrysler para 1973.

haviam surtido o efeito desejado. Os mostradores ganharam novas máscaras com inclinação diferente, na tentativa de diminuir os reflexos, e novos números sobre o fundo cinza-escuro para facilitar a leitura.

Todos os modelos (exceto o SE) vinham com novos rádios integrados à parte central do painel e com botões separados verticalmente, do lado esquerdo do mostrador.

Uma nova solução bem-aceita pelos motoristas, e cada vez mais usada pelos carros brasileiros, era o lampejador e comutador de faróis alto e baixo na mesma alavanca do indicador de direção, agora disponível em todos os modelos da linha. Durante o dia, apertando a tecla embutida na alavanca, piscava-se o farol alto, muito útil para chamar a atenção ou até para pedir passagem numa estrada para um carro mais lento à sua frente (ou seja, quase todos). De noite, com a iluminação acesa, servia como comutador para mudar o farol de alto para baixo e vice-versa.

Outra novidade da linha Dodge foi a adoção do pisca-alerta como item de série, ainda não obrigatório pela legislação da época. Hoje, esse equipamento é tão normal quanto a buzina, mas naquele tempo, além do Dodge, só existia no esportivo Volkswagen SP2 e no Chevette. No Dart, era acionado por um interruptor embaixo do painel.

Mantendo a tradição, o Departamento de Marketing da Chrysler criou em 1973 o *slogan* "Viva o seu tempo, compre um Dodge", escrito dentro de um foguetinho desenhado nas propagandas.

COUPÉ DE LUXO

O Dart Coupé de Luxo passou a ser o único modelo básico da linha, já que o Sedan deixou de ser fabricado. Seu preço inicial era de 33.864 cruzeiros (o SE, que era o mais barato, nesse ano passou a custar 31.500 cruzeiros), mas, como nos anos anteriores, o comprador poderia comprá-lo com vários opcionais – como freio a disco nas rodas dianteiras, direção assistida hidráulica e desembaçador elétrico do vigia – que aumentavam o preço proporcionalmente. A tí-

A evolução dos modelos

Coupé de Luxo, o modelo básico da linha, tinha a traseira mais "pobre".

taria, sem nenhum friso decorativo – o que tornava a traseira um pouco pobre em acabamento.

Externamente, apenas dois filetes paralelos pintados em preto ou branco, conforme a cor do veículo, percorriam toda a lateral do carro no canto superior.

Internamente, o cupê era simples e recebeu as melhorias nos instrumentos já citadas anteriormente, com o painel revestido de vinil grafite, sobre o fundo pintado de preto-fosco. Os bancos eram revestidos de curvim, e o tapete, moldado em borracha – o Dart não oferecia tapete feito de carpete.

Uma coisa era certa: o comprador que optasse por adquiri-lo não estava atrás de luxo e sim de um equipamento de série muito cobiçado, o motor V-8, com o habitual e empolgante desempenho. O consumidor que tivesse mais dinheiro poderia optar pelos outros modelos da linha descritos a seguir.

tulo de comparação, na mesma época o Opala Gran Luxo de seis cilindros, com quatro portas (topo de linha), custava 36.440 cruzeiros.

O Coupé de Luxo agora vinha apenas com a calota mais simples, menor, abrangendo só o centro da roda pintada de cinza-prata. O emblema na parte vertical do porta-malas ficou somente com a palavra "Dodge" aplicada no centro da tampa do porta-malas diretamente na la-

DODGE GRAN COUPÉ E GRAN SEDAN

Até então, a linha Dodge não dispunha de um modelo de alto luxo, já que o Charger LS tinha características mais esportivas que sofisticadas. Foi pensando nesse mercado, até então dominado pela linha Galaxie, que a Chrysler lançou o Gran Coupé (duas portas) e o Gran Sedan (quatro portas).

Externamente, as diferenças em relação ao Dart eram significativas, embora não fossem muitas: calota exclusiva e mais luxuosa de aço inox; na traseira, um novo friso

O novo Gran Sedan, tentativa de concorrer no mercado de luxo dominado pelo Galaxie e pelo LTD Landau.

Gran Coupé: o mesmo luxo do Gran Sedan, na versão de duas portas.

de alumínio com uma larga faixa cromada com desenhos quadriculados e a palavra "Dodge" aplicada dentro dela, alinhada à direita quando vista pela traseira. Outra exclusividade era um elegante emblema "Gran Sedan" ou "Gran Coupé" na coluna traseira. Ambos saíam de fábrica com um charmoso teto de vinil de ótimo acabamento, margeado por frisos de aço inox que não deixavam o vinil chegar até a calha de chuva como nos modelos anteriores.

Internamente, a série Gran oferecia muito mais luxo em relação ao Dart: bancos acolchoados e forrados de jérsei, divididos em gomos longitudinais por tiras de vinil, mesmo material da parte superior das portas, que vinham com uma decoração em baixo-relevo; assoalho revestido com carpete, também utilizado na parte inferior das portas.

O painel de instrumentos já incorporava todas as melhorias citadas anteriormente, mas agora tinha partes de material plástico imitando cerejeira, e o botão da buzina era acolchoado e com o sofisticado emblema da série. O relógio elétrico e o porta-luvas com chave eram itens de série; e havia iluminação em vários lugares, como cinzeiro, compartimento do motor, porta-malas e porta-luvas.

O Gran Sedan e o Gran Coupé tinham o mesmo valor, 39.962 cruzeiros, sem os opcionais, e ficavam mais próximo ao do Opala Gran Luxo de seis cilindros. Mas se o comprador decidisse equipá-lo com todos os opcionais disponíveis, como ar-condicionado, freios a disco nas rodas

O Dodge SE também ganhou nova grade, só que pintada de preto fosco, mesma cor do painel traseiro.

dianteiras, direção assistida hidráulica, câmbio automático, rádio de três faixas, botão interno para regular o espelho retrovisor externo (novidade na linha), retrovisor interno antiofuscante e pintura metálica, teria de desembolsar cerca de 49.271 cruzeiros, valor próximo do rival Galaxie 500, que custava 52.087 cruzeiros, mas longe do LTD, que custava 57.059 cruzeiros sem ar-condicionado e direção assistida, subindo para 67.384 cruzeiros com esses dois itens.

DART SE

Foram poucas as alterações do SE em 1973: a nova grade dianteira e as novas lanternas traseiras, ambas pintadas em preto-fosco; o capô e a parte traseira da tampa do porta-malas também continuavam pretos, assim como os demais frisos, e as faixas laterais não mudaram. Internamente, o destaque foi o novo painel e o aumento do botão da buzina; os bancos permaneceram iguais na construção e no padrão do tecido quadriculado.

Apesar de já não ser novidade, o SE tinha público formado principalmente por jovens que queriam um carro com motor V-8, ótimo desempenho e bom preço.

LINHA CHARGER

Ainda como opções mais esportivas da linha, o R/T era o topo de linha e custava 50.783 cruzeiros; já o Charger LS era um pouco mais barato, custando 43.151 cruzeiros.

A campanha publicitária do R/T, muito criativa e divertida, mostrava um Charger R/T vermelho numa pista de carrinhos de bate-bate de um parque de diversões e a frase: "Vamos acabar com essa brincadeira de carro esporte com menos de 200 cv". O objetivo era mostrar a força do motor do Dodge comparada ao fraco desempenho dos concorrentes do mercado nacional.

Nesse ano, as melhorias das quais falamos antes, como painel de instrumentos remodelado com nova grafia mais visível e pintura e chapas de melhor qualidade, também foram realizadas no Charger, que recebeu outras modificações que o tornaram visualmente muito diferente dos modelos anteriores.

Externamente, a mudança mais significativa e de maior impacto desde o lançamento dos modelos R/T e no Charger foi na dianteira. A nova grade possuía uma moldura da mesma cor do carro, o que dava a impressão, quando visto pela primeira vez, de que a grade dianteira fazia parte da carroceria e era um prolongamento da frente.

Essa grade era composta por dois elementos (molduras com um friso cromado no contorno) divididos por uma barra vertical central, na qual o emblema da linha Charger vinha aplicado. Os faróis duplos tinham entre eles as lanternas direcionais iguais ao Dart, mas instaladas em posição vertical. Como nos anos anteriores, as luzes ficavam escondidas atrás das grades. Já o emblema em letra cursiva "Dodge" no capô do lado direito, igual ao Dart, só vinha aplicado no Charger LS. O teto de vinil era item de série para ambos.

O Charger R/T ganhou novas faixas laterais e falsas entradas de ar no capô.

A evolução dos modelos

O capô do R/T perdeu as travas de segurança externas (aquelas com pinos e grampos) e as faixas pretas pintadas sobre ele. Em compensação, ganhou dois ressaltos com falsas entradas-saídas de ar longitudinais, exatamente sobre as duas fileiras de cilindros, dando a impressão de que o motor não cabia no cofre do motor. Apesar de serem apenas elementos decorativos, conferiam um aspecto esportivo e um ótimo efeito estético ao carro.

As faixas pretas laterais do R/T sempre mudavam e passaram a ser duas e mais grossas, envolvidas por uma mais fina. Juntas, elas percorriam toda a lateral, sendo interrompidas na parte final da lateral traseira por um emblema "Charger R/T". No LS, os mesmos dois filetes pintados de branco ou de preto, dependendo da cor do carro, iguais aos do Dart, contornavam toda a parte superior dos para-lamas e das portas. As novas lanternas traseiras eram iguais às do resto da linha.

Os Chargers passaram a vir com um novo friso na parte vertical inferior do porta-malas, entre as lanternas, de alumínio opaco de excelente acabamento. Centralizado acima dele, o logotipo "Dodge". As rodas cromadas eram as esportivas e tradicionais Magnum 500.

Internamente, mais novidades. No R/T, os bancos foram redesenhados; os dianteiros continuavam individuais e reclináveis, porém mais anatômicos e com o encosto mais alto. Também eram forrados com couro de excelente qualidade. Conforme depoimentos de funcionários da época, a Chrysler exigia as melhores peças de couro de seus fornecedores.

O painel revestido com plástico imitava cerejeira (como no Charger LS), mesmo material que revestia o console entre os bancos da frente. O velocímetro, a partir de então, vinha marcado com uma faixa vermelha a partir dos 120 km/h, indicando ao motorista que, acima dessa velocidade, a condução poderia ser perigosa.

Vistos de trás, o Charger LS (à esquerda) e o Charger R/T (à direita) eram idênticos, com novas lanternas e novo friso decorativo.

O Charger LS ganhou a mesma frente do R/T. Como nos anos anteriores, vinha sem as faixas pretas. As rodas ganharam nova pintura.

Clássicos do Brasil

O R/T continuava a ser um dos maiores sonhos de consumo do brasileiro, apesar da iminente Crise do Petróleo.

porém o dianteiro continuava inteiriço, com alavanca na coluna de direção. Bancos dianteiros individuais e alavanca no assoalho continuavam sendo oferecidos como opcionais. O pisca-alerta e o botão interno para regulagem do retrovisor externo eram itens de série só no R/T, sendo opcionais no LS.

A parte mecânica permaneceu igual à do ano anterior: o R/T com motor de 215 cv e o LS com 205 cv. Apesar dessa diferença de potência, tinham velocidades e acelerações muito semelhantes em razão do grande torque de ambos: 42,9 kgfm. Se os motores não sofreram nenhuma mudança, o motor de partida passou por melhorias, evitando os incômodos ruídos de engrenagens ouvidos nos Chargers e nos Darts anteriores, que pareciam "chorar" ao serem ligados.

No conta-giros, a mesma faixa era pintada a partir de 4.500 rpm, orientando o motorista que a partir desse giro o motor estava sendo forçado desnecessariamente e ultrapassando a faixa de potência ideal, o que devia ser evitado. O Charger LS também vinha com essas faixas pintadas nos instrumentos e com bancos redesenhados,

Nesse ano, a linha Dart/Charger vendeu 18.391 carros, um recorde de vendas; desse número, foram 15.583 Dodges Dart (incluindo a linha Gran) e 2.808 Dodges Charger.

1974 – A CRISE DO PETRÓLEO

No fim de 1973, o apoio dos Estados Unidos a Israel durante a Guerra do Yom Kippur levou os países árabes, reunidos na Organização dos Países Exportadores de Petróleo (Opep), a realizarem um embargo do petróleo aos Estados Unidos, à Europa Ocidental e ao Japão, o que provocou um aumento do preço do barril de petróleo em mais de 300 por cento! Assim, o barril, que custava 2,90 dólares, passou para 11,65 dólares em apenas três meses!

A evolução dos modelos

Dessa forma, o mundo ocidental entrou na famosa Crise do Petróleo. O reflexo no Brasil foi imediato, com aumentos constantes no preço da gasolina. O óleo diesel passou a ser subvencionado, para evitar que o preço do combustível se refletisse no preço dos alimentos, em itens da cesta básica e de gêneros de primeira necessidade. Essa prática aumentou ainda mais o preço da gasolina, como forma de amenizar o prejuízo dessa subvenção.

A partir de então, ampliaram-se os estudos de combustíveis alternativos para o futuro, como o álcool e o gás natural. Até o gasogênio, muito usado na Segunda Guerra Mundial, foi cogitado como alternativa, claro que devidamente modernizado. Em novembro de 1975 foi criado o Programa Nacional do Álcool (Proálcool), destinado a fomentar o plantio de cana-de-açúcar e a produção de álcool etílico anidro e hidratado combustível. A Chrysler do Brasil foi uma das pioneiras no desenvolvimento do motor movido a álcool hidratado, e um de seus engenheiros, Clovis Michelan, foi considerado o pai do motor a álcool no Brasil – o primeiro carro a álcool desenvolvido pela Chrysler do Brasil e por Michelan foi um Dodge Polara 1977, hoje exposto no museu do Centro Técnico Aeroespacial (CTA) na cidade de São José dos Campos, no interior do estado de São Paulo.

Assim, no Brasil, como no mundo todo, os carros equipados com grandes motores começaram a sentir mais diretamente a Crise do Petróleo. São aquelas ironias do destino: um dos maiores atributos da linha Dart sempre foi o seu motor, responsável por um desempenho emocionante ao qual até então o brasileiro não estava acostumado, e muitos compradores optavam pelos carros da Chrysler justamente por isso. Mas agora, com o cenário em grande mudança, em que o fantasma do preço do combustível começava a assombrar a vida de todo mundo, a maior virtude do Dart começou a ser o seu maior problema. Um carro com motor V-8 fazia cerca de 6 km

A única mudança do Coupé de Luxo 1974 foi a perda dos filetes laterais.

A série Gran permaneceu praticamente inalterada, com exceção do preto na parte inferior da porta, abaixo do friso. O teto de vinil podia ser bege, combinando com o interior.

por litro numa boa estrada e andando no máximo a 100 km/h, velocidade que se tornava um martírio para o proprietário de um Dart ou um Charger. No trânsito pesado, era comum um alto consumo, de até 4 km por litro, e isso já preocupava e se fazia sentir no bolso do motorista.

Apesar da Crise do Petróleo, a linha Dart sofreu poucas modificações em 1974: todos os modelos da linha passaram a ter a tampa do tanque de gasolina da mesma cor do carro. O Dart Coupé de Luxo, até então o mais vendido da linha, ganhou cores mais fortes e perdeu os filetes pintados nas laterais. Já os frisos cromados que contornavam a caixa de rodas e a parte de baixo das portas foram mantidos.

Nos modelos Gran Sedan, Gran Coupé e Charger LS também foram feitas poucas mudanças: o painel ganhou nova pintura em preto-fosco com revestimento imitando madeira. A partir desse ano, o comprador podia escolher a cor do teto de vinil

externo entre preto ou bege, combinando com o acabamento das forrações internas.

Externamente, a única mudança foi na parte inferior da carroceria, sob o friso da caixa das soleiras das portas, que agora era pintada de preto.

Como sempre, os modelos esportivos eram os que sofriam as maiores modificações: o Dodge SE ganhou novas cores e duas novas faixas laterais largas pretas aplicadas na parte superior do para-lama dianteiro e da porta, sendo interrompidas abruptamente próximo da coluna traseira com as letras "S" na faixa de cima e "E" na faixa de baixo. Foram suprimidas as cores pretas do capô e do porta-malas. Internamente, os bancos passaram a vir com a mesma cor da pintura da carroceria, mas no mesmo padrão quadriculado.

Quando o Dodge SE foi criado, em julho de 1972, muitos acreditavam que teria vida curta, mas ele acabou agradando o consumidor por ter um apelo esportivo, um grande motor e um preço baixo, ou seja, continuaria em produção enquanto vendesse bem.

Atendendo a pedidos, o SE passou a sair de fábrica com freio a disco nas rodas dianteiras no lugar do antigos freios a tambor nas quatro rodas, o que era mais adequado às características esportivas e grande velocidade máxima do modelo.

O Charger R/T sofreu as maiores modificações de toda a linha: o friso largo e cromado abaixo das portas agora vinha

À esquerda: o Dodge SE 1974 ganhou novas faixas decorativas e ficou mais seguro, com freios a disco nas rodas dianteiras. À direita: as faixas laterais do R/T mudaram mais uma vez, com outras opções de cor além do preto. A cor do teto combinava com a do interior. A roda Magnum foi substituída pela mesma Rallye do restante da linha, só que com decoração própria.

com a parte debaixo pintada de preto, como nos demais modelos da linha. A faixa lateral, que não obrigatoriamente era preta, podendo ser dourada em casos de carro com pintura escura, passou a ser em formato de curva, ou formato de "U" deitado, e somente na lateral traseira.

As rodas do Charger R/T eram agora as de modelo Rallye, as mesmas do Dart, mas com decoração exclusiva, pintadas em cinza grafite metálico com calota central plástica, parafusos aparentes e sobrearos e argolas nos orifícios de ventilação das rodas de aço inoxidável, dando-lhe um aspecto bem esportivo, em substituição às tradicionais Magnum 500.

O interior continuou luxuoso e confortável, com bancos sempre forrados com couro legítimo. O console central ganhou novo revestimento, mais elegante. Como nos outros modelos de luxo da linha, podia vir com o teto de vinil na mesma cor dos bancos e das forrações internas.

Na parte mecânica, foram feitas poucas mudanças: a direção hidráulica, que era da marca Gemmer, de concepção mais antiga, mudou para a marca ZF, mais moderna e precisa em velocidades maiores.

O Charger LS vinha equipado com as mesmas calotas da série Gran.

O R/T ganhou ignição eletrônica, numa tentativa de torná-lo um pouco mais econômico.

O R/T teve a maior modificação mecânica: ganhou a ignição eletrônica. Esse sistema dispensava o platinado e o condensador, que precisavam de manutenção frequente. Atualmente, todos os carros vêm com esse sistema de ignição que na época ainda era novidade no Brasil. Antes ele só vinha instalado nos modelos da Simca, identificados pelo emblema "Ignição Transistorizada" a partir de 1965. Mas, como toda novidade, demoraria certo tempo para cair na graça do povo, e dos mecânicos, que em sua maioria (exceto os das concessionárias) desaprovavam a ignição "sem platinado", por pura falta de conhecimento. Com isso, era comum o proprietário só procurar uma oficina autorizada de fábrica para regulagens.

As vantagens desse tipo de ignição eram as partidas mais rápidas e, principalmente, o motor se manter regulado por mais tempo, diminuindo o consumo de combustível, algo muito importante em época de crise.

Com a Crise do Petróleo, os hábitos dos motoristas começavam a mudar; antes uma "pilotagem" mais esportiva era comum e dava certo *status*, principalmente entre os jovens. Deixar marcas de pneus no asfalto se fazia sem remorsos entre os brasileiros. Mas a gasolina deixou de ser um produto barato. Motoristas com o "pé pesado" sentiam o drama no bolso. A partir de então, o bordão "condução econômica" passou a ser cada vez mais usado. Dicas para isso não faltavam, divulgadas nos mais variados meios de comunicação, entre elas: manter o motor do carro sempre bem regulado e os pneus com a pressão correta, não elevar muito o giro do motor, evitar freada brusca e pisar no acelerador "delicadamente". Tudo isso passou a fazer parte do dia a dia do motorista, a duras penas!

A evolução dos modelos

A Chrysler, mais que outras empresas, estava muito preocupada com o consumo de seus carros, já que o motor do Dart não tinha sido feito para economias. Mas, ao mesmo tempo, tinha plena consciência de que pouca coisa poderia ser feita. Qualquer atitude seria apenas uma medida paliativa.

Mesmo assim, a partir do meio do ano, a fabricante criou o Fuel Pacer System, um dispositivo que ajudava o motorista a economizar gasolina e que podia ser instalado em qualquer um de seus carros novos, custando 160 cruzeiros (aproximadamente 200 reais de hoje); alguns meses depois, já estava disponível para carros em circulação. A fábrica garantia que com ele a economia giraria em torno de 16 a 25 por cento, dependendo do motorista.

O Fuel Pacer era um sistema simples, mas engenhoso, no qual o vácuo ou depressão do coletor de admissão era captado na base do carburador, abaixo da borboleta, e funcionava como uma espécie de dedo-duro do motorista: se ele pisasse demais no acelerador, o vácuo diminuía. Quando isso ocorria, a lâmpada de luz direcional auxiliar (aquele torpedinho que ficava na parte superior do para-lama) se acendia, com a parte iluminada virada para o lado do motorista, e se apagava assim que a pressão no acelerador diminuísse e o vácuo aumentasse. Quando o motorista estivesse utilizando a terceira ou quarta marchas em um momento em que deveria ter reduzido para segunda, por exemplo, a luz acendia-se para indicar a necessidade de redução. Esse sistema funcionava independentemente da função de indicador de direção, que continuava funcionando normalmente.

Esse dispositivo não influenciava em nada a parte mecânica do carro e podia ser ignorado pelo motorista, mas havia vantagens em obedecê-lo. Além de um menor consumo, o motorista se acostumava a dirigir sempre de modo mais econômico, ou ecologicamente correto como se diz hoje, já que o menor consumo também libera menos CO_2 na atmosfera. Esse modo de dirigir seria muito útil nos anos seguintes, quando a Crise do Petróleo se tornaria um pesado "item de série" de todos os carros. Com o aprendizado do Fuel Pacer, o motorista estaria habilitado a dirigir economicamente qualquer outro carro.

O R/T oferecia, como opcional, a caixa automática com alavanca no assoalho, apostando na esportividade com conforto. Graças ao grande torque e à potência do R/T, os números de aceleração e desempenho com a nova transmissão eram quase os mesmos do carro com câmbio manual, e as marcas de consumo de combustível eram cerca de apenas 10 por cento piores.

Em razão da Crise do Petróleo, e também com a entrada no mercado de

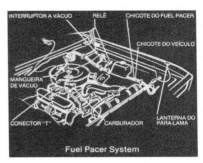

Esquema demonstrativo do Fuel Pacer System.

No IX Salão do Automóvel, em novembro de 1974, a Chrysler mostra sua linha 1975.

dois novos produtos, o Ford Maverick e o Alfa Romeo 2300, as vendas do Dodge caíram pela primeira vez desde o seu lançamento, e de forma acentuada, algo em torno de 40 por cento. O curioso é que a maior queda foi justamente do modelo mais barato da linha, o Dart, já que o Charger se manteve praticamente estável, e a mesma coisa ocorreu com a linha Galaxie/LTD, ou seja, a Crise do Petróleo pegou mais forte a classe média. Já os mais ricos continuaram a comprar seus carrões sem muita preocupação com o crescente aumento do preço da gasolina. As vendas foram de 8.896 Dodges Dart (incluindo a série Gran) e 2.157 Dodges Charger.

O ano de 1974 marcou também a chegada do Volkswagen Passat, um automóvel moderno que havia sido lançado apenas um ano antes na Europa e que representava a mudança na filosofia de projeto da marca alemã, com motor e tração dianteiros e arrefecimento a água. Consumia pouco combustível e era o concorrente direto do Dodge 1800.

1975 – ALGUMAS MUDANÇAS

No ano de 1975, apesar da crise que rondava toda a indústria automobilística, a Chrysler apresentou sua nova linha de produtos com algumas modificações.

A lanterna traseira foi redesenhada, com a luz de ré agora na vertical, com nova moldura cromada. A grade dianteira nos modelos Dart incorporava apenas um retângulo central com um elemento plástico preto ocupando toda a abertura frontal, de aspecto mais leve e moderno. O Charger LS e o R/T também receberam uma nova grade com elementos cromados verticais, o que melhorou sensivelmente a iluminação dos faróis, que continuaram atrás da grade. A frente da versão anterior do Charger, com a grade de elemento quadriculado preto, foi utilizada nos modelos Gran Coupé e Sedan, só que com um largo friso cromado contornando as duas "máscaras" da grade.

Novo painel de instrumentos da linha 1975, mais moderno e funcional.

A evolução dos modelos

O painel de instrumentos foi redesenhado, ganhou novos instrumentos e nova grafia, mais moderna e de melhor visualização, instalados num painel plástico numa moldura com filete em alto-relevo. O painel era formado por cinco círculos; nos dois maiores, o velocímetro (o segundo à esquerda) e o círculo englobando os marcadores de temperatura e do nível de combustível (o segundo, da direita para a esquerda). Ao centro, num instrumento de diâmetro menor, era instalado o relógio; no Charger R/T, o conta-giros. Os dois círculos menores, nas extremidades, eram ocupados pelos botões de acionamento de lanternas/faróis, à esquerda, e pelo limpador de para-brisas com duas velocidades, à direita. Esses botões estavam posicionados mais próximos aos instrumentos, ficando mais à mão do motorista, que podia manipulá-los sem desviar a atenção do trânsito.

Mas a mais importante modificação no painel de instrumentos foi a adoção do sistema elétrico através de circuito impresso, que comandava os instrumentos e a iluminação do painel numa única central eletrônica. Essa modificação tornou a parte elétrica do painel muito mais durável, precisa e confiável, e foi utilizada sem modificações até o último veículo produzido no Brasil.

A partir desse ano, a legislação brasileira tornava obrigatória a instalação do pisca-alerta em todos os carros nacionais novos. Nos carros da linha Dart/Charger, que já tinham o dispositivo desde 1973, o interruptor foi instalado do lado direito da coluna de direção.

Outra novidade importante, visando a economia de combustível, era que todos os Dodges, não só o R/T, passariam a sair de fábrica com ignição eletrônica. Já o Fuel Pacer era equipamento de série em toda a linha.

Nas propagandas da linha Dodge Dart/Charger, era apresentado um desenho de uma chavinha característica da marca com o desenho de uma faísca na ponta, uma alusão à ignição eletrônica. E o *slogan* da campanha publicitária era: "Chrysler: engenharia de vanguarda".

Nova lanterna traseira usada em toda a linha.

LINHA DART DE LUXO

Em 1975, o preconceito que o consumidor tinha em relação aos quatro-portas diminuía. Por isso, a empresa decidiu voltar a oferecer o modelo de quatro portas, que ficou esquecido por dois anos. Assim, o Dart Sedan de Luxo e o Coupé de Luxo

A Chrysler voltou a oferecer o Dart Sedan de Luxo (à esquerda). Ambos, Sedan e Coupé, ganharam nova grade.

continuavam sendo os modelos básicos da linha. Todos com a nova grade dianteira, que no lado inferior esquerdo recebeu um novo emblema "Dodge". Dois filetes paralelos foram pintados no centro das laterais, de branco ou preto dependendo da cor do carro, iniciando na ponta do para-lama dianteiro e percorrendo toda a lateral, sendo interrompidos na lateral traseira por um emblema "Dart de Luxo".

Na parte traseira, na tampa do porta-malas, havia uma moldura retangular com o emblema "Dodge" em letras cromadas separadas. Internamente, havia um novo painel de instrumentos e uma nova padronagem do revestimento dos bancos, que continuava sendo de curvim, assim como o tapete era de borracha. Além disso, novas cores foram oferecidas, inclusive algumas metálicas.

GRAN SEDAN E GRAN COUPÉ

As versões mais luxuosas da linha apresentaram a frente em estilo totalmente novo, que era na realidade uma antiga grade da linha Charger contornada por um friso cromado. O emblema "Dodge" da grade passou a ser cursivo e mais elegante.

Na parte exterior, um novo filete duplo pintado percorria a lateral, ao centro, com início no para-lama dianteiro, cuja ponta lembrava o desenho de uma flecha, e fim perto da área da coluna traseira, também pintada em branco ou em preto, que con-

A evolução dos modelos

A série Gran ganhou nova frente e novo filete, em formato de flecha, na lateral da carroceria.

tampa do porta-malas havia uma moldura de alumínio escovado, com emblema no centro e o logotipo "Dodge" no lado direito. O elegante teto de vinil de material corrugado, de ótimo acabamento, contornado por frisos cromados, foi mantido e tornou-se uma característica exclusiva da série Gran. Os Gran Coupé e Sedan tinham estilo sóbrio e sofisticado, sem excessos ou detalhes espalhafatosos, utilizados geralmente como recurso para dar "mais luxo" em alguns modelos concorrentes.

Internamente, o painel de instrumentos recebeu as mesmas mudanças do resto da linha, porém com acabamento interno mais luxuoso e partes revestidas de material laminado imitando madeira. O estofamento podia ser escolhido nas cores preto ou bege, também com ótimo acabamento, demonstrando muito cuidado na fabricação, uma vez que se utilizavam materiais de excelente qualidade.

trastava com a pintura externa da carroceria. A caixa da soleira abaixo das portas ganhou novo friso cromado e, logo abaixo dela, na parte da carroceria, a pintura era preta. Os emblemas Gran Sedan e Gran Coupé estavam espalhados pela carroceria: no centro do capô, no para-lama dianteiro, em cursiva, perto da porta, e na coluna traseira. Na

DART SE

O Dart SE recebeu mudanças principalmente na faixa lateral, com o logotipo "Special Edition" grafado em letras modernas e aplicado nos para-lamas dianteiros, perto das portas. As lanternas traseiras também eram novas, com a moldura preta, mesma cor da grade dianteira, do limpador do para-brisa e do espelho retrovisor externo.

A identificação "Dodge" passou a ter um novo estilo, localizada no centro do porta-malas. O novo quadro de instrumentos também foi adotado, com as molduras todas em preto. Nesse ano, o Dart SE vendeu poucas unidades, mostrando que o seu fim estava próximo, afinal, o público jovem não podia mais manter um

Em seu último ano de produção, o SE ganhou novas faixas laterais. Foto tirada no Salão do Automóvel, no fim de 1974.

carro com alto consumo de combustível em tempos de gasolina a preço de ouro. O desempenho, o torque e a potência ficaram para segundo plano, as vendas caíram sensivelmente e inviabilizaram a continuação da produção do SE, que logo deixou de ser oferecido nas concessionárias.

DODGE CHARGER LS

O Charger LS recebeu o mesmo filete lateral do Dodge Dart de Luxo, porém com o emblema em escrita cursiva "Charger" na lateral traseira. A frente recebeu a nova grade cromada com motivos verticais e o emblema "Dodge" no lado esquerdo, igual ao R/T. Na tampa do porta-malas, também como no R/T, o centro da moldura cromada era forrado com vinil da cor do teto (preto ou bege), com a identificação "Dodge" no centro e o emblema "Charger" no lugar de "R/T" no lado direito. As lanternas traseiras eram as mesmas de toda a linha 1975. Os carros com câmbio automático eram devidamente identificados com uma plaqueta "Automatic" na traseira, do lado esquerdo. Já as rodas eram as Rallye decoradas, iguais às do R/T. Assim, externamente, a principal diferença do R/T estava apenas nas faixas decorativas.

Internamente, o Charger ganhou as mesmas inovações existentes nas outras versões. O banco dianteiro era inteiriço, com encosto reclinável e revestido de tecido e vinil. Da mesma forma que nos anos anteriores, o carro podia vir com câmbio manual de quatro marchas, alavanca no assoalho e bancos individuais iguais ao R/T, opcional quase obrigatório naquele ano, com raras e poucas unidades com banco inteiriço.

O Charger LS ganhou nova grade e rodas iguais às do R/T.

CHARGER R/T

O R/T ganhou nova grade dianteira idêntica à do Charger LS e inovações que realçavam o seu estilo. A faixa lateral, como sempre, também mudou, percorrendo toda a lateral, emoldurada por um filete mais fino, e sua largura variava de acordo com o desenho da lateral e com o emblema "Charger R/T" na área próxima à coluna traseira, no local em que a faixa atingia sua maior largura. No porta-malas, tinha a mesma decoração do LS, porém com o emblema "Charger R/T" do lado direito. As lanternas traseiras eram novas e iguais às lanternas do resto da linha.

O painel de instrumentos e o console eram revestidos com material imitando madeira. Os bancos de couro tinham duas opções de cor, preto ou marrom, as mesmas utilizadas no teto de vinil.

Entre as cores disponíveis para o R/T em 1975 destacava-se o preto-ônix, que vinha com as faixas laterais douradas como os lendários carros da equipe Lotus da Fórmula 1, patrocinada pela marca de cigarros John Player Special e pilotada pelo nosso primeiro campeão mundial Emerson Fittipaldi. Esse carro era chamado de triple black, assim como nos Estados Unidos,

O Charger R/T ganhou nova grade, igual à do Charger LS, e novas faixas laterais, com várias opções de cor, dependendo da cor do carro.

pois possuía a carroceria, o teto de vinil e as forrações internas em preto.

O R/T oferecia como opcional a caixa automática com alavanca seletora no assoalho, conciliando esportividade e conforto. Para o câmbio automático, a Chrysler decidiu dar uma garantia de dois anos ou 50.000 km, transmitindo uma maior confiança ao consumidor.

Como curiosidade, para o IX Salão do Automóvel, no fim de 1974, a Chrysler preparou um *show car*, ou seja, um carro para apresentar as inovações do Charger R/T para 1975. O carro, exemplar único, foi pintado de azul metálico, com teto de vinil e interior na cor branca, chamando muito a atenção do público. A luz interna foi substituída por uma luminária de néon que realçava ainda mais a cor dos bancos. Esse carro ficou exposto no Salão do Automóvel apenas para apresentação e não estava à venda, mas uma mulher insistiu muito e quis comprá-lo de qualquer jeito. Dona de uma das mais famosas boates do Brasil, em São Paulo, ela o adquiriu e o usou até o início dos anos 1990, ficando muito famoso na cidade. O carro foi vendido e nunca mais se soube dele. Diz-se que foi desmontado e seu motor passou a ser utilizado num barco. Atualmente, existem pelo menos três réplicas conhecidas desse curioso exemplar.

A traseira do R/T ganhou moldura com forração de vinil no centro, igual ao Charger LS.

A evolução dos modelos

1976 – VENDAS EM QUEDA

Em 1976, a Chrysler do Brasil investiu em aprimoramentos no seu carro médio, o Dodge 1800, que até então enfrentava vários problemas de qualidade. Foram realizadas diversas pesquisas de opinião com proprietários como base para as melhorias, e o nome mudou para Dodge Polara. O modelo com certeza era um carro bem melhor e mais confiável, inclusive oferecendo "garantia total", explorada nas campanhas publicitárias. Era uma aposta da empresa para aumentar as vendas. Pode-se dizer que o Polara salvou a Chrysler nos anos de queda das vendas dos modelos da linha Dart.

Na linha Dart/Charger, as mudanças foram poucas. A Chrysler tentava convencer nas propagandas que seus produtos, apesar de grandes, não gastavam tanto combustível, e que a diferença de consumo para os carros menores não era tão grande quanto se pensava, já que toda a linha vinha equipada com a ignição eletrônica e o Fuel Pacer. Além disso, apesar do maior consumo de combustível, a longo prazo, o proprietário gastaria pouco com manutenção, já que a empresa acreditava que o carro quebrava menos do que os concorrentes, porque o motorista dificilmente usaria o carro no seu limite, tendo sempre uma reserva de potência, o que aumentava sua vida útil. Com isso, o *slogan* mudava mais uma vez. Em todas as propagandas veiculadas com o logotipo da Chrysler havia os dizeres: "Dodge Dart 76 e Dodge Charger 76: grandes, mas racionais".

Como medida de racionalização da linha de produção e diminuição dos custos de fabricação, justificadas pelo baixo número das vendas, a Chrysler decidiu tirar de linha o Charger LS, o Dodge Dart SE e o Dodge Dart Gran Coupé, mantendo em produção apenas os carros com maior aceitação no mercado. A linha ficou mais enxuta, representada apenas pelo Dart Coupé e Sedan de Luxo, Gran Sedan e Charger R/T, ou seja, um sedã simples e um sedã de luxo, um cupê simples e um esportivo.

A única mudança estilística do Dodge Dart foi a pintura preta-fosca da moldura do porta-malas e o emblema "Dodge" no canto inferior direito.

A única mudança externa do R/T foram as novas faixas laterais.

Aos carros que restaram na linha, foram feitas algumas poucas melhorias, como bancos redesenhados, que ficaram mais anatômicos e elegantes, e um volante novo com quatro raios paralelos e parte central bem larga, com o intuito de amortecer choques, com destaque para a segurança.

O Charger R/T ganhou um elegante interior de couro, com bancos dianteiros de encosto alto, mais seguros em caso de colisão traseira, além de mais confortáveis e anatômicos, com novos desenhos no revestimento.

Os bancos dos modelos Dart básicos ganharam novos revestimentos de vinil, e a parte onde se apoia o corpo vinha com material granulado, evitando assim escorregões para os lados em curvas, numa época em que o cinto de segurança ainda não era de uso obrigatório e, portanto, pouco usado. O banco dianteiro inteiriço ganhou encostos individuais. Quando o Dart Coupé possuía o opcional de câmbio de quatro marchas com alavanca no assoalho, seus bancos individuais eram iguais aos do Charger do ano anterior, de encosto baixo. Havia duas cores disponíveis para as forrações internas: preto ou caramelo, dependendo da cor do carro.

A evolução dos modelos

Externamente, o R/T apresentou apenas novas faixas laterais, agora duplas, mais finas e discretas, e novas cores, em especial as metálicas, demonstrando uma nova tendência de carros mais clássicos, sóbrios e requintados, em detrimento das cores cítricas e berrantes do começo da década de 1970.

Essa tendência era observada também no mercado de usados, em que os carros mais chamativos eram desvalorizados, fazendo com que muitos mudassem a cor de seus Charger e SE mais antigos. No lugar de laranja, amarelo e verde-tropical, agora recebiam outras cores: marrom-metálico, vinho, prata ou verde-água.

No restante da linha, não houve praticamente nenhuma mudança na parte externa além das novas cores. No Coupé de Luxo e no Sedan de Luxo, o centro da moldura do porta-malas foi pintado em preto-fosco, e o emblema "Dodge" agora ocupava o seu canto inferior direito e substituía as letras cromadas separadas utilizadas anteriormente.

AS VENDAS

Infelizmente, os esforços da Chrysler para tentar melhorar as vendas acabaram não surtindo efeito, e as vendas da linha Dart/Charger caíram mais uma vez, totalizando 4.538 unidades durante o ano contra 5.969 do anterior; assim, a situação da empresa só não era pior porque o Dodge 1800 teve boa aceitação no mercado com as várias mudanças em relação à confiabilidade – em 1975, o Dodge 1800 vendeu 8.489 unidades, subindo para 13.104 em 1976. O Dodge Dart vendeu 2.566 unidades e o Dodge Charger, 1.972.

1977 – ECONOMIA

Nesse ano, entrou em vigor uma nova lei nacional que limitava a velocidade máxima nas estradas brasileiras a 80 km/h. A medida era uma tentativa de economizar combustível, mas torturava os proprietários de carros mais potentes (e os de menos potentes também!). A partir de então, os proprietários de Dodge não podiam mais aproveitar sua potência dentro da lei. Era comum proprietários de carros menores e muito mais fracos provocarem ao dizer: "O que adianta você ter esse carrão se não pode passar dos 80?"

Única mudança externa no R/T: as novas faixas laterais.

O Dodge Dart 1977, sem mudanças e com venda em queda.

Clássicos do Brasil

Essa lei era discutível, pois carros mais potentes como o Dodge, o Opala ou o FNM, com bom torque em baixas rotações, ou com câmbio de cinco marchas, como no caso do último, ou sob certas condições da estrada, podiam ser mais econômicos a 100 ou 110 km/h. O preço da gasolina não parava de subir, atingindo níveis estratosféricos, aumentados por oportunismo e especulação, tornando a economia de combustível cada vez mais vital. Outra lei entrou em vigor e ela foi um verdadeiro suplício para o consumidor – a limitação dos horários de funcionamento dos postos de combustível, que passaram a fechar à noite, das 20h às 6h, nos fins de semana e nos feriados, como medida para conter o consumo. Com isso, algumas estradas ficavam vazias nos sábados e domingos, pois havia um medo generalizado de ficar sem gasolina no meio de uma viagem. Como medida de emergência, alguns motoristas tomaram atitudes pouco seguras, como levar gasolina em vasilhames fora do tanque de combustível. Essa nova lei trouxe outras consequências nada agradáveis, como filas nos postos nos horários próximos ao fechamento e, principalmente, nas vésperas dos rotineiros aumentos da gasolina, geralmente noticiados às sextas-feiras às 20h, hora em que os postos fechavam!

Como consequência, o roubo de toca-fitas ou calotas dos veículos foi substituído pelo roubo de gasolina. Os instrumentos usados para esse fim eram uma mangueira plástica e um vasilhame de 20 litros para transportar o precioso líquido.

Em 1977, a crise fez as vendas de automóveis despencarem cerca de 14 por cento em relação a 1976.

As coisas não andavam nada bem para a Chrysler, principalmente em relação à linha Dart/Charger, que vendia cada vez menos, sem grandes perspectivas de melhora. Faltava dinheiro para novos investimentos e o carro agonizava num mercado cada vez mais doente como reflexo da Crise do Petróleo. Os esforços da empresa nesse ano se voltaram para o seu produto mais econômico, o Polara, já como linha modelo 1978, que ganhou uma reestilização na dianteira: novos faróis quadrangulares com lanternas direcionais ao lado e nas novas lanternas traseiras, além de mudanças no carburador, o que deixou o carro um pouco mais econômico. A campanha publicitária utilizava o *slogan* "Dodge Polara, coração de leão" para ressaltar sua força e aproveitar a imagem criada pelos Darts.

A evolução dos modelos

CHARGER R/T – MENOS POTÊNCIA

Como já se sabia, o Charger R/T só podia ser abastecido com gasolina azul, mas isso se tornou um grande problema, pois, além de muito cara, já não era mais encontrada com facilidade nos postos de combustíveis, principalmente nas cidades do interior. Então, a partir de 1977, a Chrysler tomou a única decisão que podia e baixou a taxa de compressão do motor do esportivo, o que possibilitou o uso da gasolina comum, de cor amarela. A redução foi de 8,5:1 para 7,5:1, de maneira que o motor do R/T ficou igual a todos os motores da linha. Com isso, a potência caiu para 205 cv, ainda um pouco maior do que a dos Dart por causa do sistema de escapamento duplo. A velocidade máxima baixou muito pouco, algo em torno de 178 km/h.

As outras mudanças no R/T foram estéticas. Mais uma vez as faixas laterais mudaram de lugar, unidas na frente e mais separadas atrás, e, diferentemente dos anos anteriores, eram feitas com material plástico adesivo e não mais pintadas, podendo até ser retiradas se o proprietário desejasse. Internamente, o mesmo ótimo acabamento com couro legítimo nos bancos e nas laterais, trazendo como novidade três opções de cores: preto, caramelo e vinho. O interior na cor vinho era exclusividade dos modelos Charger R/T e Gran Sedan, contrastando com sua cor externa, que podia ser branco, prata-metálico ou vinho. O teto de vinil e as faixas laterais desses modelos também ficaram na cor vinho. A exceção era um carro todo vinho – pintura, vinil e interior –, com faixas externas douradas. O restante da linha se manteve praticamente inalterado, as únicas novidades sendo as novas cores oferecidas e a padronagem do tecido dos bancos. No mercado o cenário era desolador: apenas 1.716 carros entre Dart e Charger foram vendidos, uma queda de mais de 58 por cento em relação a 1976.

Embaixo: o Charger R/T ficou mais "calmo" graças à taxa de compressão mais baixa, em prol da redução dos gastos com combustível. No pé da página: mais uma vez o Charger R/T mudava as faixas laterais e ganhava novas opções de cores, algumas metálicas.

1978 – COMPASSO DE ESPERA

Mais uma vez, a maior mudança na linha foi no R/T, que ganhou novas e chamativas faixas laterais mais largas, em três cores e reposicionadas agora no terço inferior da lateral da carroceria, na altura dos para-choques. As faixas continuaram feitas de plástico e contrastavam com as cores da carroceria, do interior e do teto de vinil. Os frisos inferiores externos, na caixa das soleiras das portas, foram retirados nesse ano com o objetivo de tornar a lateral do carro menos poluída visualmente em razão das novas faixas externas. No modelo Dart Coupé, esse friso deixou de se curvar para baixo na região próxima à roda traseira e passou a ser reto. O vinil do R/T, que cobria todo o teto, agora só ocupava a metade posterior (apelidado de teto Las Vegas, já usado no Opala Comodoro Coupé) e vinha também em branco. Outra modificação externa foi a supressão das falsas entradas de ar no capô, criticada sob

Mudanças no R/T 1978: novas e chamativas faixas laterais, vinil cobrindo apenas metade do teto e as falsas entradas de ar do capô suprimidas.

A evolução dos modelos 79

a alegação de que o Charger havia perdido sua "personalidade esportiva". As novas faixas laterais adotadas pelo Charger R/T também foram criticadas por serem chamativas e receberam o apelido de "Orlando Orfei", alusão ao dono de um famoso e espalhafatoso circo que se apresentava pelo país. Outros criticavam a falta de personalidade e esportividade do capô liso, sem os ressaltos das falsas entradas de ar, e do meio-teto de vinil. No interior, o excelente acabamento e os maravilhosos bancos de encosto alto confeccionados com couro legítimo foram mantidos, assim como as cores internas preta, marrom e, em raras unidades, vinho.

Na realidade, o Departamento de Estilo da Chrysler apenas seguiu uma tendência da época, inclusive nas cores e nas faixas. Depois de críticas e opiniões nas rodinhas de bate-papo, muitos R/T 1978 foram descaracterizados, por exemplo, com a remoção das faixas e a recolocação do vinil que cobria todo o teto. Até o capô e as faixas dos anos anteriores foram instalados em algumas unidades.

As únicas diferenças no Gran Sedan foram a faixa lateral mais grossa e o emblema "Gran Sedan" no para-lama dianteiro.

Assim, hoje, o R/T 1978 original tornou-se relativamente raro e valorizado. Vale ressaltar a ousadia e a criatividade do Departamento de Estilo da Chrysler do Brasil, que mais uma vez inovava e modernizava um modelo que se manteve sem alterações na carroceria desde o seu lançamento em 1970, oito anos antes.

Nesse ano, o modelo Gran Sedan exibia uma faixa adesiva no centro da lateral, desde o fim do para-lama dianteiro, mais perto da porta, onde era instalado o emblema "Gran Sedan", até a lanterna traseira. Mecanicamente, a única alteração para toda a linha foi a recalibragem do carburador, uma tentativa de torná-la um pouco mais econômica. As vendas da linha Dart/Charger se mantiveram estáveis, mas os números continuaram desoladores: apenas 1.692 durante o ano, sendo 876 unidades do Dodge Dart e 816 do Dodge Charger R/T.

1979 – O ÚLTIMO SUSPIRO

O ano de 1979 marcou a primeira e maior reestilização na linha Dodge. Apresentados no fim de 1978 como modelos 1979, o novo visual deixava a linha mais parecida com o Dart americano de 1974. Era a tentativa da Chrysler de recuperar as vendas. A partir de então, foram oferecidos dois novos modelos: o Dodge Magnum, um luxuoso duas-portas, e o Dodge Le Baron, um elegante quatro-

O novo estilo da Chrysler comparado com o primeiro Dodge Dart (à direita).

A evolução dos modelos

-portas. O modelo esportivo e as versões de entrada continuavam com os mesmos nomes: Charger R/T e Dart Coupé e Sedan de Luxo.

Os novos Magnum e Le Baron foram os melhores Dodges fabricados no Brasil e reuniam todas as modificações desenvolvidas em quase dez anos de produção. A nova frente com faróis duplos foi desenvolvida exclusivamente no Brasil, fabricada com plástico reforçado com fibra de vidro pela Glaspac, empresa que dominava a tecnologia desse material no país e que ficou muito conhecida por fabricar orelhões, cabines para segurança e lixeiras, entre outros produtos, inclusive buggies. Apenas como curiosidade, nos anos 1980, a Glaspac produziu um carro, o Cobra Glaspac, réplica do famoso AC Cobra, utilizando mecânica Ford V-8 e um ótimo acabamento.

Apresentava também um para-choque dianteiro mais "bicudo" e um novo capô dividido por um friso de aço inox, terminando num adorno, ou mira, sobre o bico da nova frente. Esse adorno possuía um sistema de mola para reduzir lesões ao pedestre em caso de atropelamento e para evitar possíveis quebras ou roubo. Na traseira, novas lanternas horizontais (iguais às do Dart americano de 1974), novo para-choque e tampa do porta-malas. A lateral traseira terminava num discreto caimento, formando um suave "rabo de peixe", bem ao estilo americano.

Externamente, as maiores mudanças foram apenas na frente e na traseira, mas o carro parecia totalmente novo e não apenas reestilizado. Com essas mudanças, o carro ficou 180 milímetros maior no comprimento, totalizando 5.140 milímetros (graças ao novo "bico" e aos

Nova traseira com discreto "rabo de peixe" (à direita). À esquerda, o Dart 1970 tinha a mesma carroceria, mas o bom trabalho do Departamento de Engenharia transformou o novo Dodge praticamente num novo carro.

para-choques). A largura aumentou 20 milímetros, ficando com 1.830 milímetros (esse acréscimo pode ser atribuído aos para-choques). Já a altura não mudou, ficando com os mesmos 1.330 milímetros. Os modelos Dart de Luxo receberam uma nova grade dianteira (diferente dos outros modelos da linha), igual à do Dart Swinger americano de 1974, com desenho simples, leve, agradável e muito bonito.

Na parte mecânica, toda a linha recebeu melhorias no sistema de arrefecimento, que ganhou um radiador de maior capacidade, com volume de água aumentado para 19 litros, e uma nova coifa de plástico que melhorava ainda mais a refrigeração.

A capacidade do tanque de combustível aumentou de 62 para 107 litros, ampliando a autonomia (e resolvendo o problema dos postos de combustível fechados nos fins de semana). Agora o carro podia percorrer em média 650-700 km num percurso rodoviário, mas o tamanho de seu porta-malas foi diminuído, perdendo muito espaço para bagagem. Para piorar, o estepe, que antes ficava sob o porta-malas, passou a ocupar boa parte dele, e, com isso, o assoalho do porta-malas deixou de ser plano.

Internamente, as maiores mudanças foram nos bancos e nas forrações, com a utilização de materiais mais nobres em todos os modelos, cada um com suas próprias características internas. Nas linhas Magnum, Le Baron e Charger R/T foram usados tecidos nobres navalhados em tons de preto, bege ou azul. Nas linhas Dart Sedan e Coupé todos os bancos eram de encosto baixo, e os dianteiros eram anatômicos, com apoio para os braços. O Dart Coupé possuía bancos dianteiros individuais, enquanto no sedã ele era inteiriço. As cores internas eram preto, bege ou azul monocromáticos: bancos, laterais, painel, volante e forração do teto tinham a mesma cor. A ampla utilização de material fonoabsorvente, inclusive no capô e no assoalho, tornou o Dodge muito mais silencioso. O painel de instrumentos, assim como o volante, eram os mesmos do ano anterior.

Nova e exclusiva frente do Dart.

O Magnum era o mais caro da linha, com duas portas e exclusivas rodas raiadas.

Foi abolido o interior com forração de couro, inclusive no Charger R/T. Outra mudança mecânica significativa para 1979 foi a caixa automática Lock-up, importada dos Estados Unidos, opcional oferecido para todos os modelos: tratava-se de uma caixa mais moderna, na qual as trocas de marcha tornavam-se mais suaves, com vantagens também no consumo de combustível por não haver mais a habitual patinagem do conversor de torque na última marcha.

Na suspensão, uma nova carga nos amortecedores deixou o Dodge mais macio e confortável, embora isso sacrificasse um pouco a condução esportiva e provocasse "navegadas" indesejáveis.

DODGE MAGNUM

O Magnum passou a ser o modelo mais caro da linha, ou seja, um cupê de alto luxo. Externamente, ganhou todas as mudanças citadas, com algumas características próprias: frisos autocolantes que percorriam toda a lateral, contornados por faixas adesivas e calotas raiadas exclusivas de maior luxo. Um prolongamento do acabamento aplicado sobre o vidro da janela lateral dividia o teto de vinil em dois, formando uma falsa coluna central, pintada da mesma cor do carro, com um emblema

O Magnum tinha teto de vinil dividido e faixas laterais exclusivas.

da, como nos Charger R/T produzidos anteriormente. O câmbio era manual de quatro marchas, com alavanca no assoalho, ou o automático Lock-up opcional, também com acionamento no assoalho.

Internamente, muito luxo, uma vez que o Magnum passou a ser o mais sofisticado da linha. Os bancos e as laterais internas foram revestidos de veludo navalhado acrílico, em tons degradê, oferecidos em três opções de cores: preto, bege ou azul. O interior era sempre monocromático, ou seja, o volante, a almofada do painel, o forro do teto, as laterais, os carpetes e os bancos eram sempre da mesma cor e com acabamento primoroso. Por exemplo, nenhum parafuso era aparente, nem mesmo nas telas dos alto-falantes, um requintado acabamento para os padrões nacionais, além do compromisso e do cuidado na escolha de fornecedores. Prova disso é a quantidade de veículos que ainda hoje, trinta anos depois, possui a forração dos bancos e das laterais originais e em bom estado! Os bancos dianteiros eram individuais e reclináveis, com encosto alto para a proteção das vértebras cervicais em caso de colisão traseira.

Os bancos dianteiros eram maiores e mais largos do que os dos anos anteriores, o que proporcionava mais conforto, mas o espaço para as pernas dos passageiros do banco traseiro ficou prejudicado. Apesar do menor espaço, os passageiros do banco traseiro ganharam um descanso de braço embutido no

ou escudo igual à mira do capô. Essa coluna era muito mais grossa e, com isso, o tamanho da janela traseira foi reduzido, sacrificando assim a visibilidade dos ocupantes do banco traseiro. Ainda externamente, faixas autocolantes emolduravam frisos também colantes com acabamento nas cores do teto de vinil e interior, acompanhando toda a linha de cintura da carroceria. Sem dúvida, um acabamento requintado.

Equipado com o mesmo motor do R/T 1978, que lhe oferecia um bom desempenho, o Magnum podia atingir velocidades próximas de 170 km/h. O seu motor, como já dissemos, havia sofrido uma redução na taxa de compressão para 7,5:1, permitindo assim o uso da gasolina comum, e era pintado na cor doura-

A evolução dos modelos

encosto, que, quando abaixado, transformava o banco em duas confortáveis poltronas. Completava o conforto o extremo silêncio interno proporcionado pela qualidade e pela quantidade de material acústico. Com giros mais baixos, quase não se escutava o motor funcionando, como ocorria com o Ford Landau. O Magnum saía de fábrica com vários itens de conforto, como rádio AM/FM com toca-fitas, uma novidade nos carros da Chrysler, antena elétrica, porta-luvas com chave e iluminação interna, carpete de buclê, espelho retrovisor interno dia e noite, relógio a quartzo, vidros esverdeados com faixa degradê no para-brisa, direção hidráulica, faróis bi-iodo, pneus radiais, pintura metálica e espelho retrovisor externo regulável internamente. Pela primeira vez um carro grande da Chrysler tinha porta-malas revestido com carpete, inclusive no tubo que fazia conexão com o tanque de combustível. Já o ar-condicionado e o câmbio automático com alavanca seletora no assoalho eram itens opcionais.

A partir de junho, outro opcional muito desejado passou a ser oferecido: o exclusivo e importado teto solar de vidro com acionamento elétrico. O Magnum era o único carro brasileiro que podia sair da linha de montagem com o acessório. Uma tecla no painel comandava o funcionamento: quando pressionada para a esquerda, fechava o teto; para a direita, o abria. Não se sabe ao certo o número de carros que foram fabricados com esse teto, mas com certeza foram poucos, já que hoje são verdadeiras raridades.

O luxuoso interior do Magnum, na nova opção monocromática azul.

LE BARON

O Dodge Le Baron era o sedã de luxo da linha, substituindo o antigo Gran Sedan, e tinha como público-alvo empresários e executivos compradores do trio de luxo Galaxie, LTD e Landau da Ford, assim como Alfa Romeo Ti4 e Opala Como-

Le Baron, versão luxuosa com quatro portas.

doro (logo depois Diplomata), todos com carroceria de quatro portas. O Le Baron tinha o preço aproximadamente 15 por cento mais baixo que o Magnum e vinha equipado com o mesmo motor do Dart, pintado de azul e escapamento de saída simples, com 198 cv.

Externamente, o Le Baron possuía as mesmas frente e traseira do Magnum, mas diferiam, além das quatro portas, no teto de vinil inteiriço e nas calotas exclusivas, feitas de aço inox. Os frisos e as faixas externas, assim como no Magnum, acompanhavam toda a linha de cintura da lateral. O acabamento interno também era de excelente qualidade. Os bancos e as forrações tinham desenhos exclusivos e eram revestidos com veludo navalhado acrílico e botões em estilo capitonê. O encosto dos bancos, tanto dianteiro, que era inteiriço, como traseiro, vinha com descanso de braço embutido no meio, formando quatro confortáveis poltronas. As cores das forrações internas também podiam ser em preto, marrom ou azul, dependendo da cor externa, com mesma cor no teto de vinil, agora de acabamento mais liso. O conforto e o silêncio interno eram o grande diferencial do Le Baron, principalmente pelo maior espaço para os ocupantes do banco traseiro, tanto para as pernas como para a cabeça, e os menores ruídos e torções desse tipo de carroceria com quatro portas.

O Le Baron também vinha de fábrica com rádio AM/FM com toca-fitas, antena elétrica acionada pelo botão liga-desliga do rádio, vidros esverdeados com para-brisa degradê, espelho retrovisor externo com comando interno e faróis bi-iodo. Já o ar-condicionado e o câmbio automático Lock-up, com alavanca na coluna de direção, eram opcionais.

A evolução dos modelos

DART DE LUXO

Continuavam sendo os modelos mais baratos da linha, com acabamento externo mais simples e em duas opções de carroceria: sedã e cupê. A traseira era nova, como no restante da linha, só que vinha sem o acabamento metálico entre as lanternas, com apenas um emblema "Dodge" do lado direito. A dianteira diferenciava-se dos outros carros da linha pela grade dianteira exclusiva e pelos faróis, apenas um de cada lado. As rodas Rallye vinham com calotas pequenas centrais (copinhos) no cupê, e o Dart Sedan tinha as bonitas calotas dos antigos Gran Sedan, de aço inox. As laterais da carroceria eram lisas, sem faixas, somente com os frisos abaixo das portas contornando também os para-lamas. Próximo da janela traseira no cupê e no final da lateral traseira no sedã, ficava o emblema "Dart de Luxo".

Internamente, o Dart passou a ser mais luxuoso e mais bem-acabado do que o dos anos anteriores. As forrações monocromáticas poderiam ser em preto, bege ou azul, incluindo o volante, o estofamento dos bancos, os painéis da porta, o carpete e o teto. O painel foi parcialmente revestido com vinil especial. Onde havia o conjunto de instrumentos aplicou-se um revestimento que imitava madeira. O Dart Sedan, com quatro portas, tinha o banco dianteiro inteiriço, que possibilitava carregar até seis ocupantes, só que tanto o banco dianteiro quanto o traseiro vinham com descanso de braço embutido no encosto, que podia ser abaixado, transformando o banco inteiriço em duas poltronas individuais, com apoio para os dois braços. Com isso, o número de passageiros, fora o motorista, diminuía para apenas três.

O Dart Coupé de Luxo: o novo visual o tornava praticamente idêntico ao Dart americano de 1974.

Clássicos do Brasil

O Dart de Luxo tinha c frente diferenciada do resto da linha.

A partir desse ano, o Dart Coupé vinha com câmbio manual de quatro marchas com alavanca no assoalho e, opcionalmente, com caixa automática Lock-up, sempre com bancos individuais e console central. Esse console era idêntico ao utilizado no Charger R/T 1978, com a parte superior em revestimento imitando madeira, o mesmo material do painel. Os bancos também ganharam mais luxo, com revestimento de tecido liso, aplicado também na parte inferior das laterais. No cupê, o encosto dianteiro era reclinável por catraca, comum a toda a linha Dodge. Completava o luxo o assoalho totalmente acarpetado, também monocromático. Como opcionais, o comprador podia escolher, além do câmbio automático, o espelho retrovisor dia e noite, o espelho externo com regulagem interna, o ar-condicionado e o rádio AM/FM com toca-fitas e a antena elétrica.

CHARGER R/T

Em 1979 o Charger R/T perdeu o título de carro mais caro da linha para o Magnum. Perdeu também parte do seu apelo esportivo, até então sua marca registrada, pois perdeu o conta-giros no centro do quadro de instrumentos; em seu lugar foi instalado um relógio de quartzo. O volante era igual ao dos outros carros da linha, e as grandes faixas laterais, característica marcante do R/T, foram eliminadas. A suspensão foi recalibrada, tornando-o mais macio, incompatível com um carro de pretensões esportivas. Mesmo assim, o R/T continuou a ser um carro luxuoso e carismático, destinado a um público exigente e pouco preocupado com consumo de combustível – cada vez mais caro naqueles tempos, diga-se de passagem.

Externamente, ganhou as modificações de toda a linha, ficando muito parecido com o Magnum, mas sem as características faixas e os frisos esportivos, e com alguns detalhes exclusivos, como rodas de liga de alumínio (a Chrysler foi a primeira fábrica brasileira a incluir esse equipamento em carros de série; antes, tinha sido utilizado apenas em carros fora de série como o Puma, o MP Lafer, entre outros). A nova pintura passou a ser dividida por dois tons: o mais escuro era utilizado no capô, em parte do teto e da traseira, entre as lanternas. O restante do carro recebia uma cor mais clara. A separação das cores era feita por uma faixa adesiva com cerca de 10 milímetros de largura, numa cor

À esquerda: a janela lateral traseira do R/T vinha coberta por uma grade que não agradou. À direita: o novo Charger R/T tinha um visual mais "comportado". Para muitos, o modelo perdera definitivamente sua personalidade esportiva.

diferente das outras duas. A janela lateral traseira vinha encoberta por uma polêmica grade, como uma veneziana, que prejudicava a visibilidade dos ocupantes do banco traseiro.

Internamente, os charmosos bancos de couro do Charger R/T foram substituídos pelos bancos de veludo do Magnum, de ótimo acabamento mas nenhuma esportividade.

A VOLKSWAGEN CHEGOU

Em meados de 1979, a Volkswagen AG anunciou a compra de 67 por cento da Chrysler brasileira. Muita gente acreditava que isso significaria o fim da linha Dodge, já que o Brasil tinha certa tradição de parar a produção dos veículos da fábrica comprada. Aconteceu com a própria Chrysler quando adquiriu a Simca; com a Vemag ao ser adquirida pela Volkswagen; e ainda com a Willys, comprada pela Ford. As propagandas veiculadas em várias revistas, como sempre, buscavam tranquilizar o consumidor ao garantir que a Volkswagen estava entrando para somar e que nenhum veículo sairia de produção. Infelizmente, isso não era totalmente verdade, já que fortes rumores indicavam que a Volkswagen só tinha interesse nas instalações da Chrysler para a fabricação de seus novos caminhões, fato que realmente ocorreria alguns meses depois.

Com as mudanças na linha, a Chrysler ganhava certo fôlego com um aumento nas vendas, já que 2.576 carros foram vendidos, contra 1.692 do ano anterior. Mas não era o suficiente para espantar a crise que rondava a empresa ou para empolgar a nova dona, a Volkswagen. Foi curiosa a pouca aceitação do público em relação ao Charger R/T – só 125 consumidores o compraram durante o ano, mostrando que a perda de identidade do modelo desagradou os consumidores. As vendas em 1979 foram: 834 Dodges Dart, 125 Dodges Charger, 428 Dodges Le Baron e 1.189 Dodges Magnum.

1980 – PRÓXIMO DO FIM

Movida pelas novidades do ano anterior, a Chrysler/Volkswagen começou 1980 com uma falsa empolgação, acreditando que poderia ser um bom ano, e promoveu algumas pequenas mudanças na linha, como novas cores, novo sistema

A evolução dos modelos

de som estéreo com quatro alto-falantes e novo limpador de para-brisa com temporizador e lavador elétrico.

O Magnum e o Le Baron apresentaram novos frisos autocolantes nas laterais, retos e mais discretos, sem as faixas adesivas no contorno. O Charger R/T era apresentado com estilo mais discreto ainda, pintado em uma única cor. Foi abolida também a polêmica persiana da janela traseira, apelidada de "galinheiro" por alguns. Os modelos Dart eram praticamente iguais aos de 1979, com acréscimo de novas cores, novo limpador/lavador e rebaixamento do assento nos bancos dianteiros do Dart Sedan, que melhorou a posição de dirigir, principalmente para os motoristas mais "fortinhos", que reclamavam que o volante chegava a raspar nas pernas!

Mas a coisa não ia bem para a Chrysler. A segunda Crise do Petróleo era impiedosa como a primeira, não dava trégua e fazia com que o comprador procurasse cada vez mais os veículos econômicos. As palavras do presidente da Volkswagen do Brasil, Wolfgang Sauer, a repórteres, em abril, refletia o pouco interesse pelos carros da marca: "Eu só posso vender automóveis se houver demanda, e todos sabem que não há mais demanda para eles. Estou vendendo mais para exportação". Realmente, nesse ano foram vendidos Dodges para diversos países da América do Sul, como Colômbia, Bolívia, Venezuela e Equador, como forma de achar mercados para vender os produtos da empresa. Na Bolívia, muitos Darts Sedan foram utilizados como táxi, geralmente pretos com o teto pintado de amarelo. Na época, a Volkswagen acabava de lançar o Gol, e já

À esquerda: o Magnum 1980 possuía os frisos laterais retos.
À direita: na lateral do Le Baron, o mesmo friso do Magnum.

Clássicos do Brasil

O Dart de Luxo tinha a frente diferente da do resto da linha.

estava vendendo muito, portanto dificilmente investiria no Dodge, um carro que vendia apenas algumas centenas por mês.

Para piorar, os poucos consumidores remanescentes da Chrysler temiam comprar um carro novo que em poucos meses estaria fora de linha e, consequentemente, muito desvalorizado.

O MERCADO E A CRISE DO PETRÓLEO

A segunda Crise do Petróleo criou uma realidade cruel no mercado de carros usados, uma das maiores injustiças de toda a história automobilística brasileira: o preço da gasolina atingiu um patamar tão elevado que carros de segunda mão com motor V-8 eram revendidos a preços ridículos, e mesmo assim era difícil encontrar um novo dono. O Ford Maverick GT, a linha Galaxie e a linha Dart/Charger com cinco ou mais anos de uso chegavam a custar o mesmo preço de um fogão. Para que o leitor tenha uma ideia, um Fusca novo custava na época 168.000 cruzeiros; com 10 por cento desse valor comprava-se um Dart 1973 em bom estado. Quem tinha um pouco mais de dinheiro, algo em torno de 30.000 cruzeiros, comprava um Galaxie 1971 com ar-condicionado, direção hidráulica e rádio/toca-fitas (que era caro na época). Com isso, muitos desses carros foram parar nas mãos de pessoas menos abastadas, tiveram pouca manutenção e logo viraram sucata.

As vendas em 1980 foram de apenas 73 Dodges Dart, 5 Dodges Charger R/T, 76 Dodges Le Baron e 93 Dodges Magnum.

Ao lado: o Coupé de Luxo. À direita: o Sedan de Luxo, que vinha equipado com as antigas calotas da série Gran.

A evolução dos modelos

1981 – O FIM

No fim de 1980, a Volkswagen AG adquiriu todas as ações da Chrysler do Brasil. Os modelos apresentaram uma nova plaqueta de identificação no cofre do motor com o nome da nova proprietária, a Volkswagen Caminhões. Os modelos Dodge 1981 tiveram mudanças apenas nas cores, todas da linha Volkswagen utilizadas em Fusca, Passat ou Brasília, e no padrão do tecido do banco agora mais simples, de veludo liso igual ao Passat e à Brasília LS, apenas nas cores preto ou marrom.

Como já era esperado, a empresa deixou de fabricar os veículos de passeio da marca e manteve até 1984 apenas o caminhão Dodge canavieiro com o motor de 318 polegadas cúbicas do Dart movido a álcool, destinado às usinas e aos produtores de açúcar e álcool. Era o fim da Chrysler no Brasil. A Chrysler se instalou sobre a fábrica Simca, por coincidência no mesmo lugar onde foram montados os veículos da Chrysler nos anos 1950 pela Brasmotor. As instalações, vizinhas da fábrica principal da Volkswagen – do outro lado da Via Anchieta –, forneceram o conhecimento do segmento de caminhões que nem mesmo a matriz alemã possuía. A fabricação do Dodge Polara acabou sendo mantida apenas na Argentina, onde sempre foi apreciado e assumiu o novo nome de Volkswagen 1500, só que sempre no modelo com quatro portas, que nunca foi lançado no Brasil.

Em 1981, as concessionárias Chrysler passaram a fazer parte da Volkswagen, e alguns veículos Dodge que sobraram na antiga fábrica ainda eram oferecidos. Durante o ano, foram vendidos 90 Dodges Dart, 121 Dodges Le Baron, 37 Dodges Magnum e 1 Charger R/T. Segundo as estatísticas de vendas da Associação Nacional dos Fabricantes de Veículos Automotores (Anfavea), alguns carros continuaram sendo vendidos até 1984.

Esse registro cronológico da produção do Dodge Dart no Brasil tem como objetivo principal mostrar para as novas gerações que a Chrysler do Brasil participou da história da indústria automobilística brasileira, superando dificuldades técnicas, atravessando crises externas, como as do petróleo, e muitas internas, tanto econômicas, com inflação e abuso de preços, como políticas, com greves e formação de sindicatos, e, apesar de tudo isso, conseguiu superar as dificuldades e adaptar-se ao momento, sempre com muito trabalho e criatividade.

Os poucos veículos de passeio da Chrysler fabricados em 1981 vinham com esta plaqueta de identificação.

As novas cores externas eram as mesmas da linha Volkswagen para 1981. Passat, Brasília Magnum ou Le Baron eram pintados com a mesma cor. O Le Baron da foto é marrom-avelã.

CAPÍTULO 4

DADOS TÉCNICOS

MOTOR

O motor básico para todos os modelos nacionais da linha Dodge Dart foi o V-8 de 318 polegadas cúbicas, ou seja, 5.212 cm³, um motor potente, silencioso, com muito torque a baixos giros que conferia muita resistência e durabilidade.

O bloco era feito de ferro fundido na fábrica de motores da Chrysler do Brasil, em Santo André, no ABC paulista, e montado com pistões e componentes desenvolvidos pelas indústrias de autopeças brasileiras sob o rigoroso padrão de qualidade Chrysler.

Os vários acessórios do motor, como o motor de partida, o alternador e o distribuidor, eram fabricados pela Wapsa e pela Bosch, e o carburador, pela DF Vasconcelos, uma tradicional empresa de equipamentos ópticos, como microscópios e lunetas. Esse carburador, conhecido popularmente como DFV, equipou todos os modelos de Dodge V-8 de 1969 até 1981, e, embora muitos afirmem que ele deixou o 318 "estrangulado" e foi responsável por muitos vazamentos e desperdícios, foi um componente muito eficiente e de fácil manutenção em todo o Brasil.

O conjunto motopropulsor da linha Dart – motor, caixa de câmbio e diferencial (Dana ou Braseixos) – era extremamente robusto e de baixa manutenção, além de não quebrar mesmo em condições severas de utilização, o que o tornava muito confiável.

O versátil motor 328, produzido de 1969 a 1986.

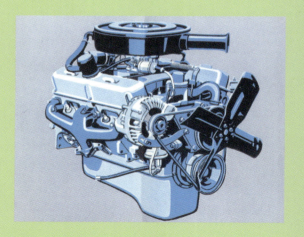

Dados técnicos

A fábrica aplicava rigorosos testes nos produtos, segundo relatos de engenheiros que participaram do desenvolvimento para o lançamento do Dart; alguns testes de refrigeração ocorriam na Rodovia Pedro Taques, no litoral sul da capital paulista, sob condições extremas:

> Instalávamos os equipamentos de medição de temperatura em diversos pontos do sistema e os Dodges seguiam a 100 ou 120 km/h pela estrada rebocando um caminhão D-700 de 3 toneladas, e o motorista do caminhão muitas vezes tinha que frear!

A escolha do motor 318 sem dúvida foi correta, pois um país como o Brasil, com dimensões continentais, clima tropical e poucos pontos de assistência autorizada da marca, devia ter um produto forte e confiável.

Na linha Dart, a potência do 318 variou de 198 cv no Dart e 205 cv no Charger a 215 cv no Charger R/T. O motor era o mesmo, com diâmetro e curso 99,3 x 84,1 milímetros, e essa diferença na potência era obtida pela variação da taxa de compressão e pela utilização de escapamento duplo, o popular 8x2. Sendo assim, temos:

- Dodge Dart: 198 cv com escapamento simples – 1 saída;
- Dodge Charger: 205 cv com escapamento duplo;
- Dodge Charger R/T: 215 cv, maior taxa de compressão e escapamento duplo.

Nos Darts e nos Chargers, o motor era identificado pela letra P e pintado na cor azul, e no Charger R/T e no Magnum era identificado pelas letras PS e pintado na cor dourada.

IDENTIFICAÇÃO DOS MODELOS

Os veículos da linha Dodge Dart possuíam uma plaqueta de identificação com várias informações de fabricação que podem orientar quem quer restaurar ou adquirir um Dodge.

A plaqueta vinha fixada no canto superior esquerdo da parede de fogo, sob o capô. Nela estão registrados os seguintes dados: modelo, ano de fabricação, cor, opcionais e números de motor e chassi.

Assim, é possível observar se as características do veículo, como modelo, cor ou opcionais, são originais de fábrica ou foram alteradas.

No último ano de fabricação, 1981, a plaqueta tinha a marca "Volkswagen Caminhões Ltda." no lugar de "Chrysler Corporation do Brasil", indicando a fabricação pela nova proprietária.

Agora, decifrando a plaqueta!

Modelo: o código com duas letras e

dois números mostra qual é o modelo da linha:

LE23 – Dodge Dart SE de duas portas
LH23 – Dodge Dart Gran Coupé de duas portas
LL23 – Dodge Dart Coupe Luxo de duas portas
LP23 – Dodge Charger R/T de duas portas
LS23 – Dodge Charger
LR23 – Dodge Magnum de duas portas
LH41 – Dodge Gran Sedan e Le Baron de quatro portas
LL41 – Dodge Dart Sedan de Luxo de quatro portas

Ano: os dois últimos dígitos do ano de fabricação, 78, por exemplo, indicam o ano, 1978. Lembramos ainda que se referem ao ano de fabricação, podendo ser um modelo do ano seguinte, como o Dodge Magnum ou Le Baron 1978, que eram modelos 1979.

Cores: as cores também são representadas por letras e números, conforme mostra a tabela a seguir, porém, elas seguem um padrão de codificação.

As primeiras letras indicam o ano de lançamento da cor; assim, BF significa 1970; BG, 1971; BH, 1972; B3, 1973; B4, 1974. A partir de 1975, o código inicial passou a ter três letras, sendo a primeira a letra A. Em 1979, a primeira letra era S, e, em 1980, T.

As duas últimas letras gravadas na plaqueta também possuem um padrão de codificação: B – azul (blue), Y – amarelo (yellow), W – branco (white), R – vermelho (red), T – marrom, A – cinza (argenta). O algarismo seguinte definia a intensidade da cor, com o menor número indicando um tom mais claro. Por exemplo, o azul-geada é mais claro (B2) que o azul-cadete (B3), e o azul-estelar (B9) é o mais escuro.

No ano de 1981, com a Chrysler já nas mãos da Volkswagen, as cores passaram a ser as mesmas da linha Volkswagen, utilizadas nos Passats e nas Brasílias.

COR	1970	1971	1972	1973	1974	1975	1976	1977	1978	1979	1980	1981
Amarelo-carajás	BF-Y6	BG-Y6										
Azul-abaeté metálico	BF-A5	BG-A5	BH-A5									
Azul-profundo metálico	BF-A9	BG-A9										
Branco-polar	BF-W3	BG-W3	BH-W3									
Preto-formal	BF-P9	BG-P9										
Verde-imperial	BF-V8											
Ouro-espanhol		BG-Y7	BH-Y7									

Dados técnicos

COR	1970	1971	1972	1973	1974	1975	1976	1977	1978	1979	1980	1981
Verde-fronteira		BG-V3	BH-V3									
Verde-tropical		BG-V2	BH-V2									
Ouro-oliva		BG-V6	BH-V6									
Amarelo-boreal		BG-Y5	BH-Y5									
Vermelho-xavante		BG-R6	BH-R6									
Vermelho-etrusco		BG-R4	BH-R4									
Cinza-bariloche		BG-C5	BH-C5									
Verde-minuano		BG-V4	BH-V4									
Azul-náutico metálico		BG-V4	BH-A7	B3-A7								
Amarelo-enxofre cítrico			BH-Y8	B3-Y8	B4-Y8							
Verde-igarapé metálico			BH-V7	B3-V7								
Marrom-castanho metálico			BH-R5	B3-R5								
Burgundy metálico			BH-R8									
Azul-guaíba		BG-A6	BH-A6	B3-A6								
Preto-turandot			BH-R9	B3-R9								
Marrom-claro Azteca			BH-M4	B3-M4								
Marrom-escuro Pilão			BH-M8	B3-M8								
Cinza-claro Himalaia			BH-C4	B3-C4								
Cinza-escuro			BH-C7	B3-C7								
Verde-médio Amazonas				B3-G5								
Vermelho-escuro Cardeal			BH-R9	B3-R9								
Turquesa-aquarius			BH-V6	B3-V6								
Branco-ipanema				B3-W2	B4-W2							
Preto-ônix			BH-P9A	B3-P9A								
Vermelho-claro Índio				B3-R4								
Verde-claro Florestal				B3-G4								
Vermelho-tudor				B3-R3								
Verde-silvestre					B4-G6							
Bronze-castanho Brilhante					B4-T4							
Cinza-platina					B4-A6B							
Marrom-clássico					B4-T9	B4-T9						
Verde-córdoba					B4-G9							
Azul-claro Marujo					B4-A5							
Ocre-amarelo Barroco					B4-Y6							
Azul-escuro Bahama					B4-B7							
Branco-valência						ATL-LW2	ATL-LW2	ATL-LW2				
Prata-lunar						AT2-LS2						

COR	1970	1971	1972	1973	1974	1975	1976	1977	1978	1979	1980	1981
Azul-meia-noite						AT2-LB7						
Vermelho-azteca						AT2-RL7						
Castanho-corsa						ATL-LT2						
Verde-pinho						AT2-LG4						
Amarelo-montego						AT1-LY3						
Azul-vitória						AT1-LB6						
Vermelho-dinastia						AT1-LR3	AT1-LR2					
Verde-australiano						AT1-LF2	AT1-LR2					
Amarelo-tenerife							AZ3-MY2	AZ3-MY2				
Argenta-escuro							AG4-MA4	AG4-MA4				
Castanho-araguaia							AY4-MY6	AY4-MY6				
Marrom-iguaçu							AY4-MY9	AY4-MY9				
Prata-monterrey							AY4-MA2					
Preto-baixo Brilho							AG9-FX9					
Turquesa-mônaco							AY4-MQ4	AY4-MQ4				
Verde-jade							AY4-MF2					
Vermelho-veneza							AY4-ME9	AY4-ME9				
Bege-indiano								NT-2	NT-2			
Amarelo-álamo									AZ3-PK3			
Azul-capri									AZ3-PB2			
Branco-madagascar									AZ3-PW1			
Castanho-trípoli									AY4-PT4			
Ouro-toledo									AY4-PT1			
Vermelho-riviera									NE-4			
Vermelho-verona									AY4-PE7			
Azul-cadete										AY4-SB3		
Azul-estelar										AY4-SB9		
Bege-cashmere										AZ3-ST2		
Branco-ártico										AZ3-SW1		
Cinza-báltico										AY4-SA2		
Marrom-sumatra										AY4-ST5		
Vermelho-alcazar										AZ3-SR5		
Azul-geada											TB-2	
Castanho-camurça											TT-4	
Cinza-poly											TA-4	
Marrom-calcutá											TT-8	
Prata-tibet											TA-3	

Dados técnicos

COR	1970	1971	1972	1973	1974	1975	1976	1977	1978	1979	1980	1981
Marrom-avelã												L8C
Marrom-café												L8B
Verde-turmalina												L6A
Branco-paina												L9A
Cinza-chumbo												L7C

Opcionais: neste campo eram gravados os opcionais instalados no veículo na linha de produção, embora fosse muito comum a instalação desses acessórios e equipamentos na concessionária.

A – ar-condicionado
D – freio a disco
H – direção hidráulica
M – caixa de mudanças manual com quatro marchas
T – transmissão automática
V – teto de vinil
* – indica a ausência da opção

Nº de série: na realidade, o número do chassi, que deve ser o mesmo gravado na travessa do radiador, do lado esquerdo.

Nº do motor: é representado por alguns números e letras. A primeira letra, B, indica Brasil, a outra letra se refere ao ano (F-1970, G-1971, H-1972...), 318 indica a cilindrada do motor – 318 polegadas cúbicas ou 5.212 cm^3 –, a seguir, a letra P para os Darts e Chargers, ou PS para o Charger R/T.

O número do motor está gravado no bloco do lado esquerdo, próximo da junção com o cabeçote. Em carros equipados com direção hidráulica, a numeração fica atrás da bomba.

Podemos assim saber se o motor foi trocado ou ainda se o carro é um legítimo Charger R/T.

Dados técnicos · 103

Produção ano a ano

MODELO	1969	1970	1971	1972	1973	1974	1975	1976	1977	1978	1979	1980	1981	1982	1983	1984
Dodge Dart	3.366	10.126	12.352	13.243	15.391	9.159	4.267	2.519	420	906	838	230	17	0	0	0
Dodge Charger	0	211	3.016	2.230	2.807	2.159	1.718	1.965	1.145	817	129	1	0	0	0	0
Le Baron	0	0	0	0	0	0	0	0	0	346	430	94	244	0	0	0
Magnum	0	0	0	0	0	0	0	0	0	833	1.208	78	127	0	0	0
Total	3.366	10.337	15.368	15.473	18.198	11.318	5.985	4.484	1.565	2.902	2.605	403	388	0	0	0

Vendas ano a ano

MODELO	1969	1970	1971	1972	1973	1974	1975	1976	1977	1978	1979	1980	1981	1982	1983	1984
Dodge Dart	3.281	9.788	12.272	13.567	15.583	8.896	4.293	2.566	535	876	834	73	90	9	1	1
Dodge Charger	0	211	2.897	2.316	2.808	2.157	1.676	1.972	1.181	816	125	5	1	0	0	0
Le Baron	0	0	0	0	0	0	0	0	0	345	428	76	121	11	11	5
Magnum	0	0	0	0	0	0	0	0	0	832	1.189	93	37	1	3	5
Total	3.281	9.999	15.169	15.883	18.391	11.053	5.969	4.538	1.716	2.869	2.576	247	249	21	15	11

As tabelas de produção e venda ilustram importantes aspectos e desvendam alguns mitos dos modelos Dodge. A tabela de produção considera sempre o ano de fabricação e não o ano do modelo, como nos casos Dart 1969, Charger 1970, assim como Magnum e Le Baron 1978, que podem ser respectivamente modelo 1970, 1971 e 1979. A produção total de um ano já inclui modelos do ano seguinte, impossibilitando afirmar, por exemplo, quantos Chargers 1978 foram produzidos, pois existem alguns 1977 modelo 1978. Nas tabelas os modelos SE, Gran Sedan e Gran Coupé são considerados apenas Dart, e não sabemos quantos são duas ou quatro portas, ou quantos Charger são R/T. Verificamos a queda nas vendas em razão da Crise do Petróleo a partir de 1974, em 1977 a produção foi apenas 10 por cento do que se produzia em "anos bons" (1971/1972). Tentou-se uma recuperação com a nova linha em 1978/1979, mas o fim da produção dos veículos com o maior motor já feito no Brasil era certo. Apesar do encerramento da produção em 1981, as vendas das unidades remanescentes ainda duraram mais alguns anos, não existindo Dodges fabricados a partir de 1981, embora existam documentos com modelo 1982, provavelmente obra de despachantes junto aos Detrans dos municípios.

A presença dos Dodges em eventos de antigomobilismo é cada vez mais frequente.

VIVA O SEU TEMPO. COMPRE DODGE.

DODGE
DART COUPÉ

FONTES DE CONSULTA

LIVROS

FLAMMANG, James M. and the Auto Editors of Consumer Guide. *Chrysler Chronicle*. Publications International, LTD., 1998.
MUELLER, Mike. *Chrysler Muscle Cars*. Motorbooks International, 1993.
STATHAM, Steve. *Dodge Dart & Plymouth Duster*. Motorbooks International, 2000.

REVISTAS

Autoesporte. São Paulo: FC Editora, 1968-1982.
Mecânica Popular. São Paulo: FC Editora, 1968-1969.
Quatro Rodas. São Paulo: Editora Abril, 1968-1982.

SITES

www.chryslerclube.com.br
www.museudodge.com
www.uniaov8.com
www.dodgeclubecuritiba.com.br
www.dodgedart.com.br
www.dodgenews.com.br
www.dodgers.com.br
www.v8ecia.com.br
www.moparclubebrasil.org.br
www.hpv8clube.com.br
www.clava-es.com.br

CRÉDITO DAS IMAGENS

Abreviações: a = acima; b = embaixo; c = no centro; d = à direita; e = à esquerda.
Na falta de especificações, todas as fotos da página vieram da mesma fonte.

Páginas 6, 7, 8, 9, 10, 11, 12, 13, 16, 18, 19, 20, 21, 24, 25, 30, 31, 34, 36, 39, 41A, 42, 43A, 44, 46, 50, 51, 58, 59B, 60, 68, 69, 70, 72, 76, 77B, 78, 79, 80, 81, 82, 83, 84, 91, 93: arquivo dos autores.
Páginas 22, 35, 40, 48E, 57, 61, 66, 68B, 92BE, 96: propaganda de época.
Páginas 32-3, 37, 38, 41B, 43B, 47, 48D, 52, 53, 56, 59A, 64, 65, 71, 77A, 85, 87, 89, 92BD: fotografias feitas por Rogério de Simone para este livro.
Páginas 23, 27: *Autoesporte*, Editora Globo.
Página 49: Fábio Massone.
Página 86: arquivo de Carlos Henrique Nacur Batista.
Página 88: Juliano Barata.

Conheça os outros títulos da série:

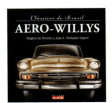
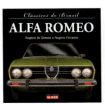

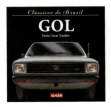

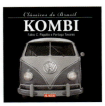
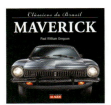
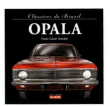